悩んで生きるほど、

人生は長くない

島田博一

三省堂書店
創英社

目次

第2章　日々を大切に生き、人生百年の計を図る

第3章　人生の要諦を人から学ぶ

第4章　人との触れ合いで「利他」の心を重んじる

第5章 見方を変えれば多くの味方を得る

はじめに

２０２４年、日本は新年早々痛ましい能登半島の地震に見舞われ、かつてないような悲しみからスタートしました。このようなことが起こるとは誰が想像したでしょうか？

亡くなられた方々には心から哀悼の意を表します。又、運良く助かった皆様にもこれから辛い日々が続くと思いますが、必ず明るい明日が来ることを信じ頑張ってほしいと祈ります。

実は私のことになりますが、２０２０年４月仕事からの帰り道、転んで膝を骨折し、即入院、そしてその結果、企業経営を断念し、新しい第二の人生のスタートになりました。

今、それを思い出しながら一寸先は闇という言葉を思い出します。平和に暮らしていると誰もがこのようなことを忘れがちになってしまいます。

そこで、私はこの辛い現実を書き残そうと思い、病室で執筆しその後出版することにしました。タイトルは「引退からが人生の本番」です。悩みを人生の本番に変えたかったのです。そこで、今回は能登半島の地震を思い出しながら、二作目は私の事故から三年たった今、辛かったことをチャンスに変えるための実践書として、書名を「悩んで生きるほど、人生は長くない」

として再度出版することにしました。

この決意は、2013年「新語・流行語大賞」を受賞した東大法学部卒・タレント・予備校東進ハイスクール講師　林修先生の「いつやるの？　今でしょ」という言葉に後押しされました。

悩みながら生きるほど人生は長くない。立ち上がるためには今しかないのです。

それならば、このピンチをチャンスに変えて生きたい。一回しかない人生だから。

林修先生の言葉を大事にして生きたいと思い筆を執りました。

この書籍がお世話になったお客様や社会の皆様に少しでもお役になれれば幸いであります。

「わいわい・ガヤガヤの会」という場所

私は突然、79歳の時、転んで膝を骨折し、2年間仕事から離れておりました。

それがキッカケとなり、仕事から離れるという苦渋の選択をしたのです。但し、私はお世話になったお客様や社会の皆様に、いつかはご恩返しをしたいと常に考えておりましたので、このケガが良いキッカケとなったのです。

そこでリハビリ中、高齢者に関する多くの書籍を読み、そして又、現在自分が経験してきたことについてエッセイを書き綴ってきました。

それを恩師である右山昌一郎先生に相談したところ、出版を進められ『引退からが人生の本番』を三省堂書店から出版することになりました。

このエッセイは今後誰もが経験する「孤独」との戦いを、私の経験に基づいて書き綴ったものです。そこで、これは今お客様や社会の高齢者のために貢献できる私の唯一の恩返しではないかと思ったからです。

この思いを実践できるボランティア組織について、右山昌一郎先生に相談したところ「わいわい・ガヤガヤの会」と命名していただきました。わいわいとは男性が、ガヤガヤとは女性が楽しく集い、心置きなく語らう様子を表現しています。この会の趣旨は既に現役を退いた人、又はそろそろ現役を離れる準備をしている高齢者の生き方や居場所作りをサポートするために作られた完全なるボランティア組織であるということです。但し、人間学を勉強したい人であれば年齢は問わない。

ビジネスマンにとって、現役を離れてからこの「孤独」という2文字と戦うのは現役でいる時よりも難しい。金では買えない心の世界です。そこで私は人間学の最終的な考え方は何事も「自分の決断」にあることに気づきました。その「決断」を促してくれるような組織「わいわい・ガヤガヤの会」で、共に学び合えることを志したのです。

そこで右山昌一郎先生よりアドバイスをいただき、「わいわい・ガヤガヤの会」の規約を作りました。下記にご紹介いたします。

この組織はビジネスを積極的にする場ではありません。人生の生き方を学ぶところです。但し、会員の皆様は現役で各々がキャリアを持っている人が多い。そのため、それらのキャリアを活用し、お互いが人生についての情報交換ができる場にもしたいと思っています。

① 現役であっても、個人として参加できます。

② 個人間のお付き合いを深めるため、呼び方は「さん」付けとする。
③ 人の悪口は言わない。
④ 約束は守る。
⑤ ボランティア組織ですから、会費は無料　但し、会員制。
⑥ 参加対象者　60歳前後からにしたいと思います。但し、人間学を勉強したい人であれば年齢を問わず。

現役の世界と引退後の世界は180度生活スタイルが変わります。上記規約はその変化を理解し、実践する場となります。

現実の世界を「自利」に例えるならば、高齢者の楽しい居場所づくりは「利他」の精神の実践の場になります。

第1章

己を知り、己の壁を乗り越える

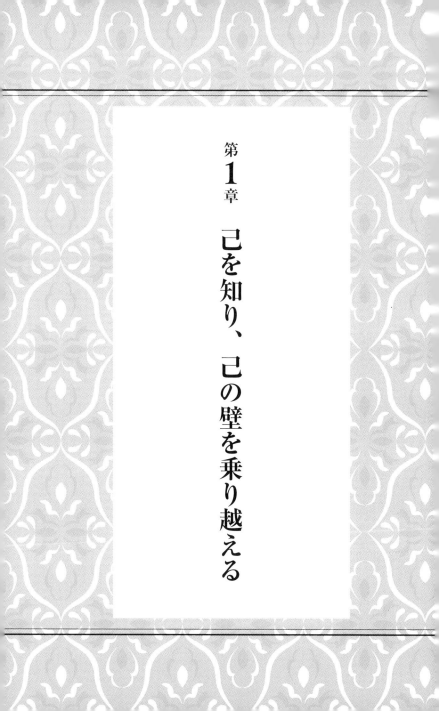

1 ぶれない心の作り方・考え方

哲学者・中村天風先生の考えの中に「健全な肉体は健全な心によって作られる」という言葉があります。生きるためには一番難しいテーマです。

社会に出ると毎日が一喜一憂の悩みにさらされます。それは皆、それぞれの人がすべてにおいて違う考え方を持っているからです。その人たちが仲良くなっても所詮はちょっとしたことで離れます。だから私も人間学に惹かれ今まで勉強してきたのです。人とは難しい生き物です。私の永遠の課題になっています。でも、人が好きだから追求したいのです。

さて、ここで私が今まで経験してきた「ぶれない心の作り方・考え方」の一例を披露します。

私は茨城県出身です。県民が誰でも知っている「3ぽい」という言葉があります。

1，怒りっぽい　2，忘れっぽい　3，飽きっぽい　というどれをとっても良い言葉には見えません。

だが、私にとっては大好きな言葉です。私はこれまでの人生において喜びも・悲しみも人一倍経験をしてきたと思っています。特に、経営していた会社が倒産したときにはどん底でした。その時は家族や会社の皆様、そしてお客様にも多大なご迷惑をかけました。但し、この危機からすぐに心をプラス思考に切り替えられたのは、この「３ぽい」の考え方でした。

簡単で、わかりやすく、素直な言葉です。もし、いつまでもこの苦痛にこだわり、引きずっていたら立ち直れなかったと思います。

時には生真面目一本やりではなく、いい加減な心のよりどころも必要です。

ここでもう一例をご紹介します。

それは祖先の存在です。昔は家族制度が強く両親、祖先、親類を敬う心を教えられてきました。そのために、私の部屋には仏壇があります。何よりも一番大事にしています。

朝は朝食前に線香をあげ、両親、祖先にご挨拶をします。そして「今日も頑張ります」と挨拶します。夕方は夕食前に今日一日の報告をいたします。すると「よく頑張ったな」と答えてくれます。特に、倒産で心が折れそうになったときには心にカツを入れてくれました。

このように、何かを信じて生きる糧を作ることが必要かなと思っています。

教訓　自分の心の特性を受け止め、信念を持って生きれば、強い心が育つ。

2 自分が変わると周りが変わる

私の周りにも人脈作りが好きな人、嫌いな人等様々におります。

但し、長い人生の中で一人で生きていくことは不可能ではないかと思います。

特に会社を退いたら友達が欲しくなります。人間は、人と交わりながら生きる生き物ですから。人間とは元々そんなに複雑ではなくシンプルで、好き、嫌い、楽しい、楽しくないという価値判断で生きているように思います。自分がちょっと「素直」になり、相手を見る自分を「変える」だけでうまくいくような気がします。

先ず、相手を面倒くさがらず、明るく「笑顔」で話をしてあげることだけでいいのです。相手は「素直」に喜びます。と同時に自分もうれしくなります。次に「挨拶」も人の心を結びつける大事な行為です。大きな声で「こんにちは」、「おはようございます」、「また会いましょう」などと言われると、とてもうれしくなるものです。ここで人を見る角度を変えてみてみましょう。世の中にはいろいろな人がいます。気難しい人、つまらなそうな人、何か目的を持って近づいてくる人等様々です。でも、ちょっと我慢して「素直」に相手の話を聞いてみると、意外に面白い評価ができる人が多いものです。今、私はそういう人と多くお付き合いをしています。人は外見だけではわかりません。

今回のテーマでもあります「自分が変われば周りが変わる」ということです。人間社会で、すべての人とすべてにおいて価値観を共有できる人などいないのです。だからこそ、自分に持ち合わせていない能力、知識、知恵などは他から借りる「素直」さが自分を「変える」チャンスになるのではないかと思うのです。

そこで、最後にお話ししたいことがあります。引退後の妻との付き合い方です。こういう言葉をご存じですか。

「亭主元気で留守がいい」　亭主は定年まで一生懸命働いて引退後はゆっくり、本を読んだり、ゴルフをしたり楽しみたいと思っている人が多いと思う。逆に妻は複雑です。厄介者が毎日家にいて何かと拘束されるわけですからたまりません。トラブルが起こらないことが不思議なくらいです。私の経験上気付いたことは付かず離れず位の距離を保ち、あまりべったりし過ぎないことが良好な人間関係を保つことができる」コツと思っています。　いかがでしょうか？

「亭主元気で留守がいい」という言葉は正論です。

教訓　人とうまく付き合うには、人を変えようとするのでなく、自分を変えることである。

3 他に左右されない心のコントロール術

不確実な時代を生き抜くためにはどうしても「心のコントロール」が重要なカギとなります。

最近では長引くコロナの影響により、誰もが身も心も疲れ切っていると思います。

その上、ロシアのウクライナ侵攻が毎日のようにテレビで報道されるたびに、自己肯定力の強い人でも心が不安定になりがちです。このように人間の心とはちょっとした外的な変化にも伝染病のように感染してしまいます。

では、どうすれば自分の心をうまくコントロールできるのでしょうか？

実は私が過去に読んだ著書の中で、ドイツの中世史研究に著名な阿部謹也氏の『世間を読み、人間を読む　私の読書術』が印象に残っています。曰く「生きるとは、生きるための知恵を学ぶことである。それには哲学が必要である」。

そのためには世間を読み、人間を読み、そして基本となるのは自分を深く知るための教養を学ぶことであると書いています。

それが、人生における最高の心を慰め、心をコントロールできる術であると思います。

その教養（知恵）の研究の主たる内容は人間学を学ぶことであると同時に、人間的、神的な書物を徹底的に探究することです。中世に活躍した哲学者デカルト、カント、ショーペンハウエル等がそうであったように、現代に生きる我々にも通じる教えかもしれません。この本を読んで学んだことは、現世で悩んだり、苦しんだり、失敗したこと等が世間を知り、自分を深く知るうえで、貴重な実体験になるのではないかということです。

その実体験をベースにして、読書をとおして教養（知恵）を身につけることこそが、他に左右されない「心のコントロール術」になるのではないかと気付いたのです。

例えば、ある人と会話をしている時に、その人の言葉に傷つき悩むこともしばしばある。

それをいちいち気にしていたら人間関係は成り立たない。

ではどうすればよいか？

自分だけの狭い視野で相手の言葉をとらえるからだ。

「ああ、そういう考え方や視点もあるのか」位でとらえる柔軟性も必要である。

そして、できれば他から学ぶ姿勢でお付き合いをすればいいと私は思う。

これは私の持論です。悪しからず。

教訓　人生に悩んだ時に、読書を通じて先賢に学び、他者との触れ合いから学べば、「悩み」は「学び」へと変わる。

4 楽しい人間関係作り

人間関係を楽しむのは難かしいことです。なぜかと問われるならば、各々が自分の好き嫌いや価値観の範囲内でお付き合いをするからです。私も今までの人間関係では多くの失敗を繰り返してきました。ある時、我が儘な考え方でお付き合いをしたならば、真の友人作りはできないことに気づいたのです。なぜならば、人間は本来我が儘な生き物だからです。そこで、自分の心の中に他の考え方を素直に受け入れる度量の大きさが必要であることにも気づきました。

但し、自己中心ではなく、他の考え方を受け入れるとなると、これは大変難かしいことです。

しかし、これまでの辛い自己変革から、少しずつ他を知る喜びや、楽しみが生まれてきたように思います。すると、どんどん友人が増え、人間関係が楽しくなってきたのです。

この根底の考え方は、哲学者・中村天風先生の著書『本当の心の力』の中で、すべてをプラスに受け入れること、と書かれています。

人に明るく接すれば、相手から感謝され自分の心にも希望の灯がともります。

また、人をいじめたりすると相手から非難され自分の心も痛みます。

こんな簡単なことですが、できないのが人間です。

特に、高齢者になると人とのお付き合いが財産と言われます。

皆とわいわい・ガヤガヤ遊び楽しむためにもこの原点が大事になるからです。

従って、楽しく生きるのも、つまらなく生きるのも、すべての原点は相手ではなく自分にあることをまず自覚することです。

極端に言えば、相手の嫌なところを見て見ぬふりをして、良い点を見るように心がけることです。相手には必ず自分にはない見習うところがあるからです。

これが人間関係の素晴らしい点であり、難しい点でもあります。

是非チャレンジしてほしい。すぐには理解できないと思うし、悩むこともあるでしょう。

私も今まで悩み、苦しみ、そして今もチャレンジし続けています。

人間の永遠の課題でもあるからこそ楽しいのです。

教訓　人間関係構築の要諦は、人の「醜」を見ず、人の「美」を見ることである。

5 他を知り、己を知る習慣

習慣とは長い間繰り返していて、そうすることが決まりのようになっている事柄、一般的な習わし、しきたり、風習、習慣と辞書に書かれています。

人間とは、こういう社会の中で育ち、教育を受け価値観を身に着けて成長していくのではないかと思います。

でありますから、すべての人は全てにおいて習慣の違う人種と言っても過言ではないと思う。そういう意味では一回や二回お会いしただけで、お互いが分かり合えるなどということは不可能です。

そのような人たちが集まってディスカッションしても、そもそも表面だけにすぎず、受け入れられないばかりか誤解を招き、二度と会う機会を失ってしまうことが多いと思う。

それはお互いがディスカッションするベースができていないからです。

先ずは相手をよく知り、理解し、価値観を共有できるかを見極め合うことが必要です。

そこから知人になり、友人になり、親友としてお付き合いが始まる人もいれば離れる人もいます。ここで私の人間関係の中から過去の一事例をご紹介いたします。

知人であるビジネスマンA氏は知識や経験も豊富でしたが、趣味や遊び心もなく、今後どうお付き合いするかと迷っていたところ、今まで見たことのない言動を見て驚きました。活動派で私の求めていたタイプの人でした。このような場面は人間関係の中ではよくあるケースです。

私こそ氏から学ばせていただきました。

そこでこのテーマに戻りますが、我々の人間関係は浅はかで、薄っぺらで、その場限りのお付き合いをしているようにも思います。

狭い自分だけの世界で自己満足し、相手のことなど知る由もない。

そういうことでは、よい人脈などできるはずもないし、良い人とのお付き合いも生まれない。

他をよく知り、他の悪いところを探すのではなく、他の良いところを積極的に学んで自分も成長していきたいと思います。

自分の戒めのためのテーマです。

教訓　「他者」に学ぶというスタンスで人と接すれば、人との関係は濃く強くなる。

6 わかっているようでわかっていない「人間の壁」

人間とは、そもそも自分流の考え方や生まれ持った性格、価値観を誰でもが持っている。ですから、どんなに親しくなっても全てを相容れる友人になることは不可能です。必ずどこかで意見が対立します。そこは人間の知恵で解消するしかありません。

それは今、世界で絶え間なく起こっている戦争を見ればご理解いただけると思います。誰が見ても分かるように、戦争はどちらが勝っても得をするものは何もないことがわかっていても、越えられないのが人間の壁なのです。ではどうすれば良いのか考えてみましょう。

自利（自己とも言う）を中心に人間関係を築いていくのには限界があります。但し、人間には知恵があります。自利（自己）の壁を越えるためには他の力を借りることが必要です。

それが利他（他人）の思想です。人間は誰しも利他の心を持っているのですが、自利が表面にあるため美しい心で利他が活用されていないのが現状です。周りを見つめて下さい。

成功している人や人格者と慕われている人の周りには大勢の人が集まっていることに気づくはずです。それは各々が自利（自己）の壁を越えて利他の世界に飛び込んでいるからです。

しかし残念ながら、自利が本来持っている壁をすべてにおいて越えることは不可能ではないかと思います。それは、最近の戦争を見てもよく理解することができます。

人間は1（自利）＋1（利他）＝2の関係で生きています。自分で越えられない壁を他の人の力を借りて大きな人物に変身できるからです。わかりやすく説明すると自利利他の考え方です。例えば、自利（自分）の力が1とします。利他のメンバーが数十名加わると自利の力もそれだけ大きくなります。

このような自利利他の考え方「自利とは、利他なり」をよく理解できればすべてがうまく回転し、人脈がどんどん増えて成功の方程式が達成されるのです。

それは利他を志す自分がどれだけ他を魅せるだけの魅力（能力）があるかどうかです。他を魅せるためには最低守らなければならない条件があります。

1，強い自己肯定力（生き方のビジョン）を持つ　2，約束を守る　3，人の悪口は言わない　4，常にプラス思考で物事を考える
従って、人生の成功者たちの生き方は最低でもこれらの条件を満たしている方が多い。

教訓　自分の「壁」にぶち当たった時、他人の力を借りた方が楽な場合がある。

7 自己肯定力を高める生き方

最近、書店をぶらぶら歩いて感じることは自己肯定力という言葉やタイトルを目にすることが多いということです。

コロナが影響して、自分に自信が持てなくなっている人が多いからだと思う。

自己肯定力とは何かという問いに簡単に答えるとすれば、自分を信じて生きる力とでもいうのかもしれない。自己肯定力が高い人とは常に明るく、プラス思考で、どんな環境においても左右されることなく、自分の信じる道を突き進む能力を持っている人である。反対に自己肯定力の低い人とはマイナス思考で暗く、夢がない人。自分を信じられず常に他人と比較して落ち込んでしまうタイプです。辞書には、「どんな自分を受け入れ、肯定することで、外部からの評価で揺らぐことなく、自分軸で自分の価値を感じ自己承認できる力」と書いてある。

更にわかりやすく説明するために、昨年のＷＢＣ世界大会をご紹介いたします。

ご存知のように世界の強敵を破りながら、最後にアメリカフロリダ州のローンデポ・パークで決勝が行われ、日本が3対2でアメリカに勝ち世界のナンバーワンで優勝したことはご存じのことと思います。その中でも、特に大谷翔平選手の活躍ぶりは世界を魅了し、世界の人たちの自己肯定力を高めてくれたことと思います。このように、自己肯定力とは自分を高め、幸せにすると同時に他に大きな良い影響を与えることなのです。

「自利は利他なり」という言葉はまさに人の正しい生き方なのです。

それには大谷翔平選手のように大きな夢（目標）を持ち、常にチャレンジする人に与えられる勲章なのではないでしょうか？　そこで、私が読書から身に着けた簡単な自己肯定力を高める方法を紹介いたします。

一つは自己肯定力の高い人とお付き合いをすることです。そして、その人の考え方や生き方を観察し、学ぶことです。

二つ目は人生についてのエッセイ書などから学ぶ方法があります。

私はこの二つから人間の生き方や考え方を世の成功者から学んでいます。

教訓　コロナ禍や世界紛争といった不穏な時代の心の特効薬は「自己肯定感」である。

8 悩みをプラスに切り替える考え方

だれしも悩まないで生きられる人はいない。私がこのテーマを書きたくなったのは、自分が人一倍悩み抜いた末に生まれたヒラメキと発想があったからです。人間である以上、悩みを避けて生きることはできません。但し、悩みをうまくプラスに切り替えることができれば幸せです。その一例をご紹介します。ちょっとした悩みでもその悩みをメモ帳に書いておきます。その悩みが頭から消えるまでに何があったか、どのくらいの日数がかかったかを書き留めます。解決したら消し込みをします。すると、今までもやもやしていた心がすっきりします。

人間とはそんな生き物です。悩みを抱えた時、それを考え過ぎると悩みの在庫が次々と増えていくことに気づくでしょう。人間が生きていくうえで毎日のように嫌なことを抱え悩んでいたら、頭がパンクしてしまいます。私は優先順位の高いもの以外はメモをしておき、それ以外は忘れることにしています。但し、メモ帳には残っています。

特に人間関係にすれ違いがあった時などはちょっと距離を置きます。お互いが必要になる時には元に戻るものです。それ以外は縁がなかったと思い、忘れるようにしています。

但し、優先順位の高い重要課題は深くとことん考え、そして悩み苦しんでイエス、ノーの決断をします。私にとってそれが人生のチャンスになったことは今でも信じています。

1，仕事が行き詰まりピンチをチャンスに変えた早期決断。倒産から立ちあがれた時

2，怪我で会社を引退するかどうかの決断をした時

今振り返ってみると人生の最大のピンチを、最大のチャンスにできたことを誇りに思っています。何事もそうであるように、人生どうでもいいようなことに振り回されて、悩んだり苦しんだりしているのが現状ではないかと思う。

最近読んだ本の中で、脳科学者中野信子氏の『運のいい人』がベストセラーになっています。今まで数多くの書籍を月3~4冊読んでおりますが、やっと人生のエッセイ書としてバイブルになるにような実践書に出会ったと思っています。

その内容は科学がつきとめた「運は100%自分次第」であるということです。

その中でも世界の研究者たち、経営者たちを取り上げながら運のいい人の考え方や行動パターンを紹介しています。実に自分自身がやらなければならないことがよくかかれている実践書ではないかと思います。

教訓　人生のピンチをチャンスに変えられた「運のいい人」の行動パターンを実践してみよう。

9 老後の財産とは

私は引退後にやりたいことを予め明確にしていたため、現在はそれに没頭できています。現役中にできなかったことをまとめるために現在、執筆をしながら自分のエッセイ作りを楽しんでいます。自分をより以上満足できる自分に高めたり、いろいろな事を学びたい、と思っているからです。

まず私の生き方の基本が人間学にありますので、その出口は当然人間関係になります。良い人間関係を築くためには自分をより高めながら、お世話になった皆様のお役に立つことが出来れば幸わせであると思っています。実は私が家で仕事をしている合間によく散歩に出かける場所があります。そこで先日、80歳前後のご婦人方が趣味を生かして楽しんでいる姿にお目にかかり感銘を受けましたのでご紹介させていただきます。

それは、練馬区石神井公園にある三宝寺池です。この場所は池と環境に恵まれ、様々なめずらしいカワセミ等の野鳥がみられる場所としても有名なところです。

天気の良い日はいつも80歳前後のご婦人が多数集い、水彩画を描いている姿が見られます。私はいつも散歩をしながらのぞき見をし、感心しておりました。

先日、「お上手ですね」と声をかけてみました。すると、微笑みながら「私より上手な人が沢山いますよ」と言われました。そこでさらに「いつ頃から絵を描き始めたのですか」と聞いたところ、「私は子供の頃から絵を描くのが好きでしたが、やっとこの年になって区の水彩画クラブに参加し、勉強しながら雨の日以外は毎日ここにきて仲間と絵を描いて楽しんでいます。今が人生で一番楽しい時です。」と言われた言葉が私に「老後の財産は没頭できる趣味と友達を持つこと」を書かせるキッカケになったのです。

高齢者のご婦人が自分の居場所を見つけて楽しんでいる姿に出会い、うれしく思いました。このように自分の好きな世界を見つけて、没頭できるということは何と幸せなことか。幸せとは人から与えられるものではなく、自分が好きなことを自由に楽しんで生きることなのです。このようなちょっとした幸せはどこにでもあると思います。

この三宝寺池の周辺にはプロの写真家らしい人や、ジョギングをしている人、ベンチで読書を楽しんでいる人等様々です。

こういうところで自分を見つめ、気分転換するのもいいと思います。

教訓　幸福は他人から与えられるものではなく、好きなことを自由に楽しんでこそ、得られるものである。

10 生き方を学ぶ

混沌とした現代社会の中で、人間が強い信念を持ち生きていくことは大変なことです。それは生きる哲学かもしれない。その分野は学生、・ビジネスマン・高齢者に限ったことではない。その哲学を身に着けるためにはどうすればよいのでしょうか？

先ずは、身に着けようとする自分自身の強い決意が必要です。

それは人間として小さな器である現在の自分を知り、他を受け入れる自分の器を作ることではないかと思う。そのためには、いろいろな人とお付き合いをし、自分との考え方や価値観の違いを知り、自分を学ぶことが先決です。そこから人はすべてにおいて、自分と合う人などないことを知ることができるからです。皆様が尊敬している人を思い浮かべてみてください。その人たちは多分人望があり、人が大勢集まって来る人たちです。人望ある人たちとは好き嫌いにかかわらず、大勢の人を巻き込んでお世話をしている人たちです。

最近読んだ福沢諭吉の「学問のすすめ」の一節に印象的な生き方のサゼッションが書かれていたので紹介します。「生き方の型を失った現代社会では、心を安定させて生きていくということが、今後一層大切になってきます。そのためには、社会と自分との関係をしっかりとらえて、客観的に物事を判断できる能力を身につけたほうがいい」というものです。

そこで私が気づいた点は、先ずその能力を身につけるためには人間として尊敬できる人格者を友に持つことです。次に迷ったときに頼れるバイブル的な書を持つことです。

私にとっては、稲盛和夫さんの著書『考え方』、中村天風さんの著書『本当の心の力』、渋沢栄一さんの著書『うまくいく人の考え方』等が愛読書となっています。そして今回、斉藤孝さんが現代語に訳した福沢諭吉の著書『学問のすすめ』をもう一冊のバイブル書に加えました。

人間社会のなかで生きるためには必ず友達が必要になります。

その中でもより親しい友達を作るためには、自分もその友達と相互の価値観を尊重することが必要になります。それにはいろいろな世界を自分で毛嫌いせず、他から吸収するといい。

自分と価値観の合う人だけのお付き合いでは、より以上自分から脱皮することが難しくなるため、さらなる人間研究が必要になります。

教訓　異なった価値観を持った人との出会いは、最初は戸惑うかもしれないが、自分を高める絶好のチャンスである。

第2章

日々を大切に生き、人生百年の計を図る

1／人生は何事も「起、承、転、結」

私は、この起、承、転、結という言葉を大事にしております。

その理由は全てにはスタートがあり終わりがあるからです。「終わり良ければ総て良し」という言葉がありますが正論です。但し、実行している人は少ないかもしれません。

朝起きるとあっという間に、一日が過ぎる。あなたは今日良い一日だったと言えますか。

そして、一ヶ月が過ぎ、一年が過ぎます。あなたは今年も良い一年だったと言えますか。

何げなく生きていると生まれてから晩年までを「あっ」というまに過ごしてしまうものです。

その時、両親や子供たちに良い人生だったと言えますか。

このように生まれてから、晩年を迎えるまでにはいろいろな経験をします。

その節目、節目には必ず起、承、転、結があります。

では、起、承、転、結を簡単に言えばどういうことなのでしょうか？

辞書によると、「話の前提条件をきちんと示して、話を展開させ、最後にオチをつけること」と書かれている。

生きることに例えるならば「生きる目標をきちんと設定して、それに向かって努力し、満足できるような生き方をする」ことです。

このように、起、承、転、結という言葉は生きていくうえで何事にも通じています。例えば、今日一日の過ごし方、読書の楽しみ方、今年はどんな仕事をするか、どんな趣味を楽しむか等、何事も計画を立て、実行し、目的を達成するためには必要なプロセスです。

何もしないで「ボー」っとしていると、一日、一ヶ月、一年、そして一生が「あっ」というまに過ぎ、後悔することになるのです。

後悔しないためには、「起、承、転、結」の節目に思い切った経験や決断をすることが、悔いのない思い出に残る人生になります。

２０２３年にワールドベースボールクラシックでトップスターになった大谷翔平選手は「起、承、転、結」のドラマを演じた主人公ではないかと思います。

そして、人生の最後にはこれまで人に助けられたり、お世話になった社会の皆様にご恩返しをすることが、人間が本来持っている人間らしい姿ではないかと思い、今回はこのテーマ「起、承、転、結」を書かせていただきました。

教訓　ぼうっと一日を生きていると、ぼうっと一生を過ごしてしまう。
人生の起承転結の節目を捉え、果断な決断をすることが大切である。

2 「気づき」が人生を変える

そもそも「気づく」ということはどういうことでしょうか。

我々は何気なく使っている言葉です。朝起きてから、仕事をして家に帰り、寝るまでの間には、いろいろな人との出会いがあります。

そして、会社でも電車の中でもいろいろな変化を見聞きし、帰宅後は家族と楽しいひと時を過ごします。すべては何気なく過ぎていきますが、この中には私生活やビジネスのヒントになる発想が数多く含まれています。私はどちらかというと人から発想や知恵を学び、その情報をまとめて、企画し、ビジネスをしてきた人間です。それがたまらなく楽しいのです。でありますから、何気ない情報が私にとっては宝物なのです。

特に最近ではコロナの出現により、誰もが平等にこの変化を受けています。

但し、この変化の受け入れ方次第では大きな能力の差が生じます。

その事例として、これらの変化を発想の気づきと捉えて、大成長している企業がよく最近報道されています。反面、何も気づかなかったところは店じまいをしているという報道もされています。

この事例は一例に過ぎず、変化が大きければ大きいほど気づきやすいのですが、自分の日常はなかなか変えにくいものなのです。

この「気づき」についてはテレビ番組の制作、企画、演出をプロデュースしている有名なプロデューサーおちまさと氏が、著書『気づく技術』をダイヤモンド社から出版しておりますので参考まで。

そこで、私が思う気づきとは日常生活がその発想の原点になっています。道路を歩いていて何かを感じた時、電車に乗っている時、本を読んでいる時、日記を書いている時、元気な挨拶をされた時等々いろいろな発想がひらめく時があります。その時を逃さず、いつも持ち歩いている小さなメモ用紙にすぐ書きます。私の場合はすぐ書かないと忘れてしまうからです。そういうメモ用紙が原点となり、執筆の原稿になったり、現役中では仕事の企画に大いに役立ってきました。私にとっては魔法のメモ用紙なのです。

「成功する人はみんな、1秒前に気付いている」と、おちまさと氏は著書の見出しで書いていますが、うなづけます。

教訓　日常生活の些細な変化にも敏感な人は、そこから多くの発想を得ることができる。

3 健康とは体と心のバランス

健康な人は健康についてあまり深く考えたことはないと思う。むしろ、当たり前と思っているかもしれない。但し、健康を害すると一変して生活環境が変わります。では、「健康とは何か」をもう一度真剣に考えてみましょう。

健康とは体（肉体）と心に分けて考えられがちです。体は人が行動し、楽しむためには必要です。

一方、心は、あれもしたい、これもしたい、あれも食べたい、これも食べたいと考えるところです。体が病気になったりケガをしたりして、入院すると行動が制限され、人の手を借りることになります。すると毎日が憂鬱になり、悩みが生まれます。逆に、心が病んだらどうなるでしょうか？　何もかもやる気を失い、生きる夢も、希望も無くなってしまいます。心は生きる希望塔なのです。

従って、体と心はバランスが必要です。うまくバランスが取れてこそ、毎日が楽しく夢に向かって生きることができます。そうは言っても長い人生の中で、体と心の健康が常にバランスが取れることはめったにありません。

私の場合はサラリーマン時代に股関節骨折をして、長期入院を強いられました。野望に燃えている時でもあり、その時の失望は忘れられません。但し、自分のやりたかった目標が明確であったため治療に専念し、心が体を助けることができたのです。

さらに、私が経営者の時代にも事業に失敗し、苦しい心の痛みを何度も経験しました。今度は体が心を励まし、支えてくれたと思っています。

従って、常に体と心の健康管理を怠らず、何が起こっても動じない心構えが必要です。そうは言っても、現在のような何が起こるかわからない変化の時代への対応は難しい。

では、その対策を具体的に考えてみます。

強い体と心を鍛えるためには、テレビ番組や書籍で紹介されていますが、ウォーキングや好きなスポーツを楽しむことです。私の場合は好きな筋トレや水泳に毎日欠かさず通っています。これは体と心の自己肯定力を高めると同時に、生きる自信を高める原動力になるからです。さらに、何が起こるかわからない世の中ですから、楽しく生きる生き場所を複数準備しておくことが必要かと思います。そのような準備こそが体と心のバランスに必要なのです。

教訓　心が病んだ時は体が心を癒し、体が病んだ時は心が体を癒してくれる。

4

「いつやるの？　今でしょ」

ご存知のように、この言葉は東大法学部卒・タレント・予備校東進ハイスクール講師の林修氏の授業から生まれた言葉です。

具体的には、「現代文を理解するには漢字の勉強が重要であるにも関わらず、漢字を勉強する生徒が少ない。では漢字の勉強は、いつやるの？　今でしょ」と発せられた言葉です。

この言葉は巷間に広がり、２０１３年12月２日「新語・流行語大賞」受賞になった話題の言葉です。先日、その当時の友人たちと会って話題になり、これから１００年時代の高齢者はどう生きるのだろうか、という話から「今でしょ」という言葉が出て話が盛り上がった。

１００年時代と言う長寿社会は歓迎であるが、その生き方が問題になるのです。

先ず受験生なら試験にパスすることですし、シニア時代なら長寿社会を楽しむために十分な準備をしなければなりません。さらに、高齢者は身も心も弱くなってくる60歳から70歳、80歳をどう生きるかが課題になります。準備を怠るとみじめな人生を歩むことになるのです。

私が知る限り、まだこの年齢では現役で仕事をしている人が多く、どうするか真剣には考えていないようです。それは現状に満足しているからだと思う。但し、最近の報道では70歳～80

歳が事故や病気で亡くなる人が多くなっています。

例えば、私が尊敬する偉大な経営者Yさんは70歳過ぎにガンで亡くなりました。

歌手の八代亜紀さんは73歳で難病のため、あっと言う間に亡くなってしまいました。

先日までテレビで見ていた皆様はスターの突然の死を知って、自分の事のように身近に感じたのではないかと思います。他人事ではないのです。これからは、明日は我が身なのです。

今、これからの人生をどういきるか？　それが今回のテーマである「今でしょ」です。

お金は？　事業承継は？　相続は？　お墓は？　準備ができていますか？

それができてこそ、これからの人生を好きなことをして、思い切り楽しんで生きることができるのです。そのためにも林修先生の「今でしょ」から学びたいと思います。

教訓　心が弱くなる前に老後の気構えを、体が動くうちに老後の準備を。

5 サヨナラが教えてくれたこと

人生には様々な別れがあります。価値観が違い、意見が合わず別れるケース、そして人生の最後には家族との別れがあります。先日、作家　伊集院静さんのエッセイ「風の中に立て」に関心があり読んでみました。

伊集院さんの生き方はビジネスの世界で生きる人との感覚とはちょっと違い「粋な世界」で生きてきた人です。大変学ぶことがありました。それは、「どんなに辛い、そして悲しい風が吹いて頬や胸板にあたるなら、むかい風に立っていることを学びなさい。上り坂はちょっと辛いけれど、頑張れば今まで見えないものが見えてくる。やってみなければ見えないものに、出逢うことがないものが沢山ある」。その感覚はビジネスの世界でも同様です。但し、サヨナラは辛いものです。私も多くの「サヨナラ」や「別れ」を経験してきました。

そこで思ったことは、悲しみや苦しみをやわらげてくれるのは、結局「時間」だけだということでした。

もちろん、苦しみや別れの種類にも解決できるものとそうでないものがあると思います。

通常の人間関係の別れ（サヨナラ）等々で悔んだり、悩んだりしたこともほとんど必要があれば元に戻ります。そうでなくても次から次への出会いから、いままでの悔やんだこと等すぐ忘れてしまうものです。人間とはそういう生き物かもしれません。但し、中高齢者の「サヨナラ」あるいは「別れ」はちょっと違います。あとの無い別れであり、世の中との「サヨナラ」です。死も意味します。この「サヨナラ」の解決法は「今、どう生きるか」しかないのです。それは、一人で生きていくことを教えてくれるのです。その別れとは親との別れ、夫婦との別れ、子供との別れなど今生の別れであり、「サヨナラ」になります。

伊集院さんは弟や前妻を亡くした時の思いをこう述べている。「近しい人の死の意味は残った人が幸せに生きること以外何もない」と妻を病室に見舞った時、死の直前でも妻は笑顔で迎えてくれたことをこう述べています。

そして、人間とは誰かを幸せにするために懸命に生きるのだと結論付けています。実は私もいろいろな大切な人との別れをしてきました。その時感じたことは自分が今からやるべきことはお世話になったその人達のためにも一生懸命に生きることだと結論付けたのです。家族との「サヨナラ」、「別れ」もそう思いたい。

教訓　しっかりと自分に残された時間を把握し理解することで、老後の人生計画が立てられる。

6 人生は長いようで短い

2022年厚生労働省の発表によると、男性の平均寿命は81・47歳、女性は87・57歳とある。

そして、健康寿命といえば男性が72・68歳、女性が75・78となっています。

私の場合は現在82歳ですから、すでに健康寿命は過ぎた年齢です。先ず、この現実をよく知り、気づくことが大事です。そこで、私はこれからの健康寿命目標を現状の健康から考えて自分なりに87歳と決めました。

残り5年が私の貴重な健康の持ち時間になります。すると、不思議なことにこれからやりたいことがたくさん思い浮かんできました。5年間の目標、年間目標、上半期、下半期、月間と自分のやるべきことが明確にブレイクダウンされてきました。私の場合はいつもこのような計画作りをしています。

すると、優柔不断な自分をリセットし、新しい生き方にチェンジすることが比較的容易になるからです。

お恥ずかしい話ですが、ちょっと私の体験をご紹介いたします。多少参考になれば幸いです。

私は現在も会社の相談役をしておりますが、ほとんどの時間はお世話になったお客様や社会の皆様のために、「わいわい・ガヤガヤの会」を設立し、ボランティア活動に費やしております。現役での仕事はやり切りました。心残りは全くありません。

但し、これからやりたいことが沢山あります。本を読みたい、エッセイを書きたい、音楽を楽しみたい（特にジャズ）、多くの人と語り合いたい、（他から新しい知識や考え方を学ぶために）そして、夢はお世話になったお客様や社会の何らかのお役に立ちたいということです。でありますから、毎日が忙しい。無駄な生き方はできないのです。

ありがたいことに、多くの人との交わりのお陰でコンサートにお誘いいただいたり、自らも月に2回ぐらいは妻と一緒にライブハウスにでかけたり、エッセイの原稿を書いたり、好きな井之頭公園や、石神井公園三宝寺池で小鳥と遊びながら本を読んだり楽しんでいます。

これが私の現役をリセットした後の生活スタイルです。

一回しかない健康寿命があと5年しかないと決断できれば、生き方が変わります。いつ病気や怪我で倒れても悔いは残りません。但し、87歳で元気であった時は残りの人生目標を更に90歳に変更したいと思います。人生は長いようで短い。

> **教訓**　人生の「大事」は持ち越すことはできない。
> 「締切日」を意識したスケジュール管理こそが重要である。

7 「一喜一憂」を身につける

「一喜一憂」とは、状況の変化により人は喜んだり、不安になったりするということです。我々はどんな絶頂の時でも、友人のちょっとした言葉で傷ついたり、愛する妻の言葉を聞き違えて腹を立てたり、最近ではロシアのウクライナ侵攻で心が動揺したりします。そのくらい人間の感性とは敏感に左右されるものなのです。

それは素晴らしいことですが、時と場合によっては人を悩ませたりします。

こういう敏感さは他に問題があるのではなく、自分自身の勝手な思い込みによる場合が多い。そして悩み苦しみ、その結果他を傷つけたりするから注意が必要です。

私もちょっとしたことで一喜一憂することがよくあります。但し、あまり深く考え過ぎず、一晩寝ると忘れてしまいます。ではこの一喜一憂をうまくコントロールするにはどうすればよいのでしょうか。「一喜」はそのままほっといてもいいと思います。厄介なのが「一憂」です。

これが今世間で話題になっている、うつや悩みに発展するのです。

これが重なってくると、自己肯定力の高い人でもマイナス思考になるので対策が必要です。

そこで対策として考えられるのは、なるべく自己肯定力の高い人とお付き合いをすることです。自分と考え方の近い人、またはプラス思考の人です。

日頃から自分の考え方をプラス思考に切り替えるチャンスにもなるとおもいます。

まず対人関係では好き嫌いや、人の悪口は自分の心も傷つけますから慎むべきです。

具体的には相手の良い点を見つけて、その良い所とお付き合いをすることです。

自分が変われば周りが変わるという言葉がありますが、名言です。

我が人生を振り返って見た時、人間が成長するためには一喜一憂はどちらも必要な要素ではないかと思うのです。「喜」だけでは自分に甘えて、成長が止まってしまいます。

「憂」が続くとうつや悩みに負けてしまう。従って、このバランスを上手くとることが必要なのです。私も80歳になるまで大変良い「一喜」の経験をしました。と同時に「一憂」の失敗も数多く経験しました。そのため良くも悪くもその対応を身につけることができたことは、生きる上での財産を身につけたと思っています。

教訓　人間にとって「一喜一憂」は避けがたい心の性である。
ただし、鍛錬によりこれを少しでもコントロール出来れば、人生の百戦は危うからず。

8 元気とは心身両方の力

我々は何気なく「お元気ですか」という言葉を挨拶代わりに使っていますが、お互いに相手の大事さを気遣っている言葉のようにも思います。辞書によると元気とは「心身の活動の源となる力」と書かれています。そしてまた、元気とは気の元と書きますから、心身の様相が元気を左右するということです。「病は気から」という言葉がありますが、常に元気な人は心身の源の気の力がある人なのです。とにかく、何をするにしても全ては「元気」が第一の生きる条件になるのです。

私が今までに出会ってきた元気な人たちを見てみると、皆心身ともに元気な人たちです。同時に、その源は何事にもぶれない、信念ある考え方と思いを貫く力の持ち主です。だから成功し、尊敬される人になっているのだと思います。

そこで第二に大事なことは、元気な人とお付き合いをすることです。するとゆ自分も自然に元気になるから不思議です。何故ならば、元気な仲間たちは元気を好むからです。

そこで誰もが元気になれる行動パターンを考えてみました。先ずは元気で尊敬できる人とお付き合いをして気の元を学ぶことです。私のことに触れますが、茨城の田舎者の私が東京に出てうろちょろしているうちに、いろいろな先輩から指導を受けました。最初は人見知りしながら、話もできず、悩んだことを今でも覚えています。そのような時、元気で尊敬できる先輩方から遊びや仕事などを通じて、気の心を学び人間関係の楽しさを身につけたと思っています。

十人十色といいますか、そのうち人それぞれの考え方、趣味、生き方が違うため人間関係の難しさがわかってきました。そのお陰で人を知り、他の人から基本的なお付き合いの姿勢を身に着けることができたような気がします。

従って、私にとって周りの人達は自分にない元気な気の力を与えてくれた大切な人達なのです。少人数でもいいから元気な人とお付き合いをすることが、元気になる秘訣ではないかと思います。特に高齢者になったらマイナス要素が多くなってきます。

例えば、健康面での問題から友人も少なくなってきます。人に支えられ、人のお世話になってこそ元気で生きられるのです。

教訓　元気はさらなる元気を呼び、弱気な心性をくじいてくれる。

9 時間の作り方と活用法

イギリスを代表する作家アーノルド・ベネットが「時間を制する者が人生の成功をつかむ」というテーマで書いた『自分の時間』を、上智大学名誉教授、渡部昇一氏が訳・解説された書籍があります。私も現役時代からこのテーマが生き方の中心になっていましたから、現在も時間にはこだわって生きています。

それは常に目標をもって生きてきたからではないかと思っています。例えば、目標から達成までに約6か月かかる仕事があると仮定します。その時私は、目標を月間、週間、日、そして午前、午後にブレイクダウンして無理のない実行計画書を作ります。何もしないと時は流れてしまうからです。私は元来、朝型人間ですから、普通夜は9：30頃床に入り、朝は5：00頃起床します。その理由は頭がすっきりしていて、書き物をしたり、企画をするうえで発想や知恵が浮かぶからです。そのため、好きな酒も週5日間は禁酒とし、残りの2日間に飲むようにしており、その酒がじつにうまいのです。

そこで、ベネット氏が『自分の時間』の中で書いている氏の考え方を以下に紹介します。先ず、時間の価値について「時間があれば金は稼げるが、金があっても時間は買えない」と書いています。深い哲学的な言葉に感動しました。

次にご紹介したいのが最も効果的な読書法についてです。

読書術とは、先ず自分が努力を傾けている「方向と範囲」を限定しておくべきであり、その時の時代背景や傾注している主題を一人の作家に限定して読むといい。但し、その時間はそのことだけに集中し、よく考えて読むこととしています。

この考えには私も同感です。今、私は高齢者の抱えている時代背景に限定して、その生き方に主題を置き、それに関係する作家を選択して読んでいます。

その中心は心の健康に関するものです。主な著者は精神科医の和田秀樹先生、順天堂大学医学部の小林弘幸教授、脳科学者の中野信子先生等多数おります。

私の場合は高齢者に関するエッセイを執筆しているため、いろいろな小説家や神経科医の先生方の書籍は大変参考になります。

時間は無限にありますが、その時間を有効に使うか無駄に使うかは自分次第です。

教訓　日々、目標を立て、その実現を目指す者が、人生という時間を制する。

10 人生100年時代への事前準備

私は週に2~3回は書店に行きます。

それは時流を読むためです。最近、特に目を引くのは『70歳からの人生の楽しみ方』や『80歳からの壁は免疫力』等々の高齢者向けの書籍の多さです。

著者は主に精神科医の先生方です。この年齢は高齢化社会の方々が第二の人生に突入する年齢でもあります。精神科医の立場から見ると、身も心も大きな変化の時であり、特に心の問題が大きな問題になっているからです。私も79歳から現役を退き、孤独の世界を経験しておりますから、よくわかります。

そのためには、「これからの人生をどう生きるか」と考える前に自分を肯定する強い自分の考え方を構築する必要があります。それが結果として自分が何をしたいかを決定し、準備することにつながると思うからです。そして、100年時代を生きるということは引き算になります。現在70歳であれば、残りは30年になります。もし80歳で事故にあったり、病気で倒れたりすれば残りは20年です。その時、寝たきりになっていては人生を思うように楽しめません。

作家である五木寛之さんは自分の著書『人生100年時代の歩き方』の中でこう述べていま

す。「自分の社会的責務を終えてから、新しい人生に向かって行くのもいいけれど、まだ余力が残っている最中に、生活のギヤを入れ替えることがいいのではないか」。

私も同感です。人生どこで何が起こるかわかりません。

これからの人生を楽しく、ワクワク生きるためには綿密な準備が必要です。

私ごとで恐縮ですが、自分の楽しみ方が決まったら先ず、1年間の実行計画を作ります。そしてそれを、月間計画に落とし込みます。そして、それから週間計画を作ります。最後は日々の計画です。午前、午後、夜に分けて楽しみながら実行できる計画を立てるのです。ポイントは自分が好きなこと、楽しいことを計画することです。

但し、その計画は周りの環境により実行できないことが多々あります。計画どおりに進まなくてもあまり気にせず、こだわらないことが必要です。こだわると悩みますから何のための計画かわからなくなってしまいます。

自分に合った無理のない生き方の計画を作って、のんびり楽しみましょう。

一回しかない有意義な人生ですから……。

教訓　人生１００年の計は、現役時代の準備に始まり、退役時代のその実践にあり。

11　悩める心の具体的な対処法

20代、30代、40代、50代、それぞれの世代と引退を迎える60代以降まで生き抜いてきた世代の皆様は大なり小なり、人生の修羅場を経験してきていると思います。

例えば、家族の問題や仕事上の問題、更には人間関係のトラブルなど様々なことが想定されます。私事ですが、20代～30代後半までイタリアの会社に勤務しておりました。人生の中で最高に仕事を楽しみ、充実した年代でした。そして40代から起業し、売り上げも順調でしたが、経営方針を間違えたため会社を閉じる決心を強いられました。

50代後半からいろいろな支援者のお陰で再び第二の起業を志し、順調に市場を開拓することができました。これも私の力だけでなく今までお付き合いをいただいた人間関係のお陰であると思っております。70代後半から第一線を退き、80代からは好きな読書やエッセイを執筆しながら毎日楽しい日々を過ごしております。但し、過去を振り返ってみると、40代～50代の事業の大失敗は普通の人が経験しないような、毎日が修羅場の生活でありました。

しかしながら、この問題解決はすべて自分の問題であり、一つ一つを苦しみながら、逃げないで対応したことを今でもよく覚えています。その結果、第二の起業も順調に成長発展できたと思っています。そのためかどうかわかりませんが、その時苦しかったことが今苦しみとしてではなく、悩める心の具体的な対処法を教えてくれているような気がします。と同時に、私の最大の自信になったのだと思います。そこで、つい最近見た映画『はい、泳げません』を紹介します。

物語のあらすじは主人公が自分の子供を海で亡くし、それがトラウマになり、忘れきれず、立ち上がれずに悩んでいる時、ふと子供のためにも自分が泳げるようになることだと決心し、スイミングスクールで特訓を受ける物語です。主人公は大学の教授で子供を亡くした俳優（長谷川博巳）、スイミングスクールの指導員女優（綾瀬はるか）です。

私の経験から、大小関係なくこのような「こだわり」を引きずり悩んでいる人は多いかと思います。これらの対処法はその「こだわり」から逃げないで立ち向かっていく「決心」と「実行力」ではないかと思うのです。

教訓　人生の蹉跌を乗り越えようとせず、そのまま放置して得られるものはない。思い切って深海に飛び込んでこそ、深海の真珠を得ることができる。

12　発想とは何か

辞書によると、発想とは物事を考え出すこと、そして新しい考え方や思いつきを得ることと書かれています。スポーツでも、学問でも、ビジネスの世界においても目標に向かって考え進んでいる人には、思わぬ時にそれに関連する良き発想が生まれるといわれます。

それではどんな人に発想やヒラメキが生まれるのでしょうか。

それは物事に対して一心不乱に打ち込んでいる人です。大きな目標を持って生きている人は常に悩みや苦しみと戦ってチャレンジしています。その悩みや苦しみの中に発想やヒラメキの原点があるように思います。どの分野でも人格者といわれる人たちの中には発想が豊かな人が多いものです。

最近読んだ伊集院静さんの著書『ミチクサ先生』によると、夏目漱石は東大卒業後進路に恵まれず、いろいろと苦労をしながらミチクサ人生を経験したそうです。

かわいがっていた飼い猫とじゃれ楽しんでいるときに生まれた「吾輩は猫である」がベストセラーになり、作家としてのチャンスをつかんだのです。

このように発想は苦労しながらミチクサをした人に与えられるすばらしいプレゼントなのです。

では、このようなプレゼントがもらえる人とはどんな考え方の持ち主なのでしょうか。

まず、自己肯定力の強い人です。そして物事に真剣に立ち向かって生きる人です。

そのような人の脳は発想を歓迎して待っているのです。

さて、最後に私事になりますが、毎日朝5時頃目覚めます。

すると、毎日いろいろな発想やヒラメキがあります。それが習慣になっています。

楽しい楽しい朝を迎えられることが私の生甲斐になっています。

なぜかわかりませんが、これからやろうと考え悩んでいることに対するヒントが、朝方浮かびます。

私は飛び起きてそれをメモ帳にメモします。

文章であれば、そのタイトルの起、承、転、結が頭の中に文章として浮かんできます。

それはすぐ消えてしまうので、急いで起きてそれを書き上げます。

これはなぜだろうと考えてみると、いつも「ああしたい、こうしたい、あるいはこうならないか」と考えていることが、翌朝に発想として閃いてきているように思っています。

教訓　物事に真剣に打ち込む人に苦しみや悩みは訪れる。そのような人にひらめきが訪れる。

13 高齢者にとっての幸せとは

一般的に誰もが40年から50年働いて、「残りの人生はおいしいものを食べて、行きたいところを旅して、のんびり過ごしたいな」などと考えているのではないでしょうか？　そのためにはどんな準備が必要か」。私の経験から2通りの準備が考えられます。先ずはお金の準備です。

さらに大事なことは引退後にやりたいことを明確に、そして緻密に準備をしておくことです。それには、家族の協力が必要です。そして、特に大事なことは引退後は孤独になりますから、交友関係を深めておくことです。

これに失敗すると「うつ病」になると今、精神科医の先生方が問題にしています。

私の場合は、引退後読書を楽しみながら、エッセイ書「人生とはどうあるべきか」を書きつづり、交友関係をさらに深め、旅をしながら妻と楽しむ計画をしているので、現在も毎日楽しい日々を過ごしています。他方、引退が近づいても何の計画をしていない人は再雇用の道を選ぶか、時間勤務を変更して引退後にやるべきことをしっかり準備することです。

何故ならば、現役中と引退後の環境は別世界のように違うからです。転ばぬ先の杖が必要なのです。現在１００年時代、事業承継時代とも言われ、私が長年仕事をしていた会社の仲間やお客様の中でもこの時期にさしかかっている人が多いようです。長年働いていた会社、又は経営を離れるということは苦渋の選択です。私はよく相談を受けるのですが、次のようなアドバイスをしております。それには二者選択があります。第一はM&Aとして会社を売却することです。但し、すぐ退くのではなく多少の期間は会社に残ることが望ましいと思います。または親しくしている会社と合併して、しばらく後に退くのもいいでしょう。これは私の経験からです。第二の選択肢は完全に退いて、自分がやりたいことに全力投球することです。これができる人はやるべきことがすべて整っている人です。

現在私が通っているスポーツジムには、高齢者が水泳や筋トレをして楽しんでいます。そして、現役時代のように気を使わなくてもよい人間関係を活用して、お互いの引退後の楽しい情報交換の場所にしています。

とはいえ、高齢者で一番大事なことは「健康」です。健康で楽しい人間関係が築けたら何よりも高齢者にとって幸せなことです。

教訓　第二の人生に向けて、しっかり準備をすることは「冬支度」ではなく「春支度」である。

14

相続・事業承継対策とは何のためにするのか

そもそも相続・事業承継とは何か？

辞書によると「相続」とは亡くなった人の財産を配偶者（夫や妻）や子供など遺された家族に引き継ぐことと。事業承継とは会社の経営を経営者から後継者へと引き継ぐことです。事業経営者という立場から考えてみると、高齢者の定義はほぼ、70歳～80歳を超えた年齢になります。

いつ、どこで、何が起こるかわからないので、これは重要な対策です。

一般的に、同じような時期に考える人が多いのではないでしょうか。私の場合は既に事業承継の処理は済んでおりましたので、スムーズに第二の人生計画に入ることができました。

そもそも相続や事業承継対策とは何のためにするのかと問われるならば、多くの人が、老後の安心のためと答えるでしょう。もちろん、それもありますが、もっと大事なことがあります。

対策自身が目的ではなく、これからの人生をいかに楽しく生きるかが目的なのです。そのためには当然、相続・事業承継対策は必要なことです。真の目的は高齢者が好きなように、自由に生きる居場所・楽しみ方を見つけることではないでしょうか？　私の周りでも好きなことをして自由に楽しんでいる人を見かけます。うらやましいと思います。仕事や名誉、お金は人生のプロセスであり必要なものでありますが、人生の最大の目的ではないと思うからです。一回しかない人生だから、好きなことをして生きることが最高の幸わせではないかと今、私は思っています。それを実行して生きる年齢が70歳から80歳頃からなのです。

もちろん、人それぞれの考え方があり、「評価価値」という他人から見られる名誉やプライドにかけて人生を生きるのも決して悪いことではない。それはその人が持っている価値観であり立派なことです。

私の場合は、そこから本番にしたいという想いから『引退からが人生の本番』を執筆し、それから3年後の今、本書『悩んで生きるほど、人生は長くない』を自分に対する教訓として執筆しました。

「わいわい・ガヤガヤの会」で仲間と共に好きなことをしながら、励まし合い、楽しむことができたらこのうえもない人生の楽園ではないかと思っているからです。

教訓　相続・事業承継対策は、それ自体が目的ではなく、今後の自由な生活、楽しい人生を謳歌することが真の目的である。

15 なぜ女性は男性より長生きできるのか

２０２２年、厚生労働省の発表によると、男性の平均年齢は81歳、女性は87歳である。「何故か?」と疑問に思っている人も多いと思います。私なりに調べてみました。男性は成人になると仕事に専念し、仕事場が自分の居場所になります。一方、女性は結婚し、子育てが中心となります。

女性の居場所は子供と過ごす家庭が一般的です。そして、子育てが終わる40歳頃になると自由になり、ママ友と食事をしたり楽しい時間を過ごします。男性は60歳頃定年になり、自分の居場所が見つからず悩み苦しみます。この生活スタイルが今新聞やマスコミで取り上げられている男性の精神疾患病です。

そこで私の経験も踏まえて、男女の楽しみ方の事例を紹介いたします。

私は60歳頃からスポーツジムに通い、会社の人脈とは関係ない人達とのお付き合いを楽しんできました。一般的に夕方の早い時間帯は、70歳前後の男性高齢者があまり会話を楽しむことなく、淡々と筋トレをして帰っていく姿が痛々しい。私は昔から筋トレが楽しみの中心でしたが、現在はプール（フィン）と平行して楽しんでいます。それは海でスキューバダイビングを楽しむためです。一方プールでは70歳前後の女性高齢者たちが毎週30人位の集団となり、インストラクターから水泳の指導を受けており、その姿は元気そのものです。

ガヤガヤと騒いでいる女性の姿は男性から見ると騒々しいと思う反面、ちょっぴりうらやましくもあります。このような事例を見るにつけ、女性が男性より長生きできることがよくわかるような気がします。

女性はすでに子育てが終わる40歳過ぎから人（ママ友）との関わりと楽しみ、共に趣味を共有し、会食を楽しみ、旅をし、音楽を楽しみ、夢をみているのです。

もうお分かりのように、仕事だけに人生をかけてきた男性の考え方とは全く違うのです。

ですから、男性が70歳前後から家庭に入ってきても、女性からみたら歓迎されないばかりか邪魔者扱いされるような存在です。

女性高齢者は人生を謳歌中、男性は悩みの真っ最中。

これが女性長寿の結論ではないかと私は思います。

教訓　女性も男性もしっかり働くことに変わりはないが、女性はしっかりと楽しむことにかけては実年男性より長けている。このあたりに長寿のカラクリがある。

16 仕事一筋の人生だった人は、早めに二筋化を

私の持論になりますが、60歳頃はビジネスを謳歌する時であり多くの人脈を作り、人生を仕事に専念する時です。70歳になると健康寿命を意識するようになり、人とのお付き合いを楽しみながらいろいろな趣味を求めるようになります。

80歳になると健康寿命も過ぎて、体のあちこちに痛みが起こり病院通いも多くなります。

ここでもう一度過去を整理してみましょう。

1. 60歳頃はビジネスにかけ人脈を作る
2. 70歳からはまだまだ健康なので、趣味や遊びを楽しむ
3. 80歳からはこれまで作った人脈、遊び楽しむ居場所でゆっくりと自由に過ごす

もし、この流れに乗れなかったのであれば、仕事一筋にかけてきたため、真の遊びを楽しむ友人や趣味がなかったということではないでしょうか？

このような人が怪我や病気で仕事ができなくなった時、自分の居場所がないのです。

それが今問題になっているうつ病という問題です。この問題は金があるから、名誉や地位があるからでは解決できません。返ってそれが邪魔になります。

私の場合は怪我のお陰で、人生の後半にやる事が早めにスタート出来たことを幸運に思っています。ですから、80歳からは「いつ」何が起こるかわからないということを真剣に考えることが必要でしょう。特に年齢的に健康面では後退してきますから、今まで楽しめたゴルフやスポーツ等も制限されてきます。80歳から必要なことは健康で楽しめる多くの友達を持ち趣味を楽しむことではないでしょうか。

但し、人生を楽しむ場所を見つけるのは大変です。一番簡単な居場所作りは60歳、70歳、80歳のメンバーが集まっているグループに参加することです。

そこで私は今までお世話になった社会の皆様に少しでもお役に立ちたいという思いで「わいわい・ガヤガヤの会」（ボランティア組織）を三年前に立ち上げました。

わいわいとは男性が、ガヤガヤとは女性が楽しむ姿のことです。

白髪が生えてからも共に楽しめる居場所作りになればうれしいと思っています。

教訓　仕事一筋の道を歩む人は、仕事という道を失うと進退谷まってしまう。早めに自分の歩むもう１本の道を見つけておかねばならない。

17 仕事を離れる準備として最も重要なこと

60歳からの生き方は「人脈作り」です。では、70歳からは何を準備する時でしょうか?

今回は仕事を離れる準備をしている人に焦点を当てて検討します。

ズバリ言うと自分の「楽しむ居場所作り」をすることがいかに重要かということです。総務省の発表では男性の健康寿命は72歳、女性は75歳です。もうすでに自分の居場所である趣味や遊び場を作り、楽しんでいる人であればよいのですが、もしそれがなかったらどうして生きていくのか迷います。

私のケースのように突然79歳で怪我をし、会社から離れる時には落ち込んで、うつ状態になる人も多いと聞きます。私の場合は70歳からやりたいことや居場所がすでに決まっていました。

むしろその時が来たかと思い、入院中からエッセイの執筆活動に突入しておりました。

誰もが70歳頃から、いろいろなところに病気を発症したり足腰も弱ってきますです。昔の格言に「転ばぬ先の杖」という言葉がありますが、その準備が必要な時なのです。

ここでちょっと、私が読んだビートたけしさんの著書『バカ論』の一部を紹介いたします。

「会社を離れてから老後をどう暮らしていいかわからない等、慌てふためいてももう手遅れなんだ。勉強でも趣味でも、会社でバリバリ働いているうちに始めないとダメ。老後になってから釣りでも始めようか、なんて言ってももう遅い。釣りでも、ゴルフでも、会社員のころからサボって女房を質にいれる位の覚悟でやらないと。仕事や家族を犠牲にするぐらいの根性がなければ、定年になって趣味を始めても身につくはずがないし、それが孤独を癒してくれることもない」という。極端であるが一理あり、おもしろいと思います。芸人さんは常日頃から人と交わり、芸という職業をとおして自然体に人脈や趣味を楽しんでいるから、引退後から困ることは少ないと思います。

但し、ビジネスマンは違う。専門家も違います。人生の楽しみ方を知らない人の方が多いと思います。

仕事が趣味になっている人は実に多い。でも、その時点では趣味を楽しんでいるんだから幸せだと思う。もし何らかのアクシデントで仕事ができなくなったらどうするのだろうか。そこが、私の経験から指摘するところです。それではどうすればよいのでしょうか？お教えします。

皆様の周りの70歳を過ぎても仕事に専念しながら、いろいろな場所で楽しんでいる人を見てお付き合いし、学ぶことが一番の早道なのです。

教訓　「仕事を離れる」準備とは、「自分の居場所を作る準備」のことである。

18 健康寿命から見た「60代」の重要性

記述の通り、日本の男性の「健康寿命」は72歳、女性は75歳と発表されている。長いようで短い。先ず、それを素直に受け容れることが原点になります。すると60歳からの生き方、考え方を良く理解することができると思います。言うまでもなく、残された健康寿命は男性が12年、女性が15年となります。私的なことになりますが、現在私は82歳です。79歳の時、大怪我をして入院し、会社（経営者）を離れることになったのです。その時、人生何が起きるかわからないということに気づきました。いつ病気になったり、家族が不幸に見舞われるかはだれも予期することはできません。ですから、真剣にこの健康寿命を考え、対処する必要があります。私の場合は健康寿命が既に過ぎているからこそ、この問題を振り返り真剣に皆様にお伝えしたいのです。

60歳という年齢は働き盛りです。そして、ビジネスマンは無我夢中で仕事に専念し、お金や名誉や夢をかけて働く時でもあります。一方、私は仕事柄60歳前後から多くの人脈に恵まれ、多くの成功者とお付き合いをすることができました。それはお金に換えられない財産だと思っています。では私が今まで出会った成功者達が、60歳頃どういう行動をしていたかをご紹介いたします。先ず、成功者たちは忙しいはずですが、「忙しい、忙しい」という言葉や態度を見せることはなかった。それは何故かと考えてみると、ビジネスの視点を自分ではなく相手に置いていたからです。人、即ち人脈に優先順位を置いてお客様や仲間、そして友人と昼夜を問わず遊びを楽しんでいる姿が想像できました。

「遊びを楽しんでいる」ということは言い換えてみると「仕事を楽しんでしている」と言っても過言ではない。なぜならば、一見遊びながら一歩進んだ人脈作りを楽しんでいたのです。ビジネスマンの遊びは子供の遊びとは全く違う世界です。お互いが何かを求めあっているのです。自分の求めている良きパートナーと遊び楽しみながらお互いにビジネスを模索しているのです。

仕事の原点は自分が作るものではなく、相手が仕事を運んでくるものなのです。

「忙しい、忙しい」と言って人間関係を怠っているところに人も人脈もお金も仕事も寄って来ないのです。

従って、結果的には仕事を断っているのと同じことなのです。

教訓　引退後の人生を楽しんでいる人は、60代から着々と準備を重ねてきた人である。

第3章

人生の要諦を人から学ぶ

1 生きる原点は気力

気力とは何か、ふと思い辞書を引いてみた。すると、心の力と書かれていた。

従って、心がしっかりしていると気が高まるということが言えます。

そこで再び気に関する言葉を調べてみると元気、強気、弱気、気合い、やる気、気分、気掛かり、気配り、気苦労、等々たくさんありました。

昔の人たちは素晴らしい言葉を紡ぎ出したものだと敬服します。

元気でやる気のある人は強気で明るく、他にも気配りを忘れず人を引きつけます。

しかし、弱気な人は暗く陰気でやる気がなく、人に対する気配りができないため、そういう人には人は集まってこないのです。そこで、元気になる早道は自分の周りにいる元気な人から学ぶことです。弱気な人は弱気な人同士で小さくまとまってしまうものです。

そこからは強気になる気力は生まれてこないと私は思います。

従って、元気になるためには元気でやる気がみなぎっているような人から学び、お付き合いをすることです。

これは読書や新聞その他、テレビなどのメディアからも学ぶことができますが、直接会って学ぶことが何より大切です。

気の原点を理解するうえで一番わかりやすいのは、最近話題になっているＷＢＣ世界大会の中心人物になっている大谷翔平選手28歳ではないでしょうか。

良い気のすべてを持っているような人にみえます。「気」の原点を学ぶうえでは非常にわかりやすい今話題の人です。彼と自分とは学ぶ対象にならないと決めつけないで、彼の生い立ちや才能、そして人との出会い等を紹介した雑誌や新聞、そしてテレビなど毎日のように報道されていますので、そこから「気」の原点をつかむチャンスが生まれるかもしれません。

いずれにせよ、今の自分の弱気から脱皮して新しい強気の自分に変身するためには身近にもモデルになるような気力の持ち主が沢山いるはずです。

その人から学ぶことです。毎日忙しくダラダラと仕事をしていても自分を変える「気」の原点を見つけることは難しい。いつも元気で気力が高まっている人はどんな境遇に出会っても、常にそれを突破する気力があるのです。特に高齢者になったら「気の合う」人とお付き合いをすることが大切です。

教訓　元気な人との触れ合いを通して「気」の原点をつかむことができる。

2 失敗学から真の人間学を学ぶ

「成功から学ぶ」という本は数多く見かけますが、「失敗学のすすめ」という本を見かけることは今までありませんでした。私は10年ぐらい前に東京大学名誉教授・畑村洋太郎先生の書かれた『失敗学のすすめ』という奇妙なタイトルの本と出会い読んでみました。氏の著書にはその他『失敗学実践講義』、『創造学のすすめ』、『危険学のすすめ』など多数あります。

私がこの本を読むキッカケになったのは私自身がよく失敗を繰り返してきたからです。それから現在まで、失敗をするたびにこの本を読んできました。

今、私にとってこの本は失敗した時のバイブルになっています。タイトルだけ見るとふざけているようにも見えますが、実に人間の心理を突いた哲学的な本であります。この本の書き出しに「失敗は成功のもと」とあります。誰でもわかっているような簡単な言葉です。

但し、この書籍は失敗学という点についてわかりやすく、理論的に学者としての立場から書かれているばかりでなく、人間学的な視点から書いている点が他の著者と違うところです。研究者にとって失敗は避けて通れないという先生の考え方は、ビジネスの世界や人間学の世界でも全く同じであると思います。ここで私が思う失敗学の持論を述べてみたいと思います。これまで多くの失敗を繰り返してきました。それはビジネスの世界でも個人的なお付き合いでもしかりです。それなりに準備をして仕事をしてきたつもりでも失敗はあります。一時期自分を責めたり、人を恨んだりしたこともありましたが、問題解決にはなりませんでした。ある重大な失敗をした時はじめて、全ての問題は自分にあることに気づき人間学の研究を始めたのです。すなわち、自我の世界から他の世界を受け入れ学ぶことが成功のカギであることに気づいたのです。

最近ベストセラーになっている東京大学医学部教授を退官し、人間科学を研究している養老孟司先生の著書『バカの壁』は大変面白いと同時に、人間の見方を変える貴重な本です。

今、私はこの考え方も実践中です。その内容は「バカは自分では気付かないバカの壁を持っており、その大きな自我の壁が邪魔して人間的に大きく成長できないんだ」というものです。ですから、どんな人でも時々フィルターを交換しないと自分の見方に溺れてしまい、益々バカの壁は高くなり自己中心の人間になるということです。

悩みや失敗の中に成功するためのヒラメキやヒントがあることを忘れてはなりません。

教訓　失敗の原因は他人にあると思う人より、自分にあると思う人の方が成長は大きい。

3 金持ちより人持ち

これらはいずれも人間なら手に入れたいものです。でも、どちらかと言うと金が欲しいという人が多いと思います。いかがでしょうか。

でも、よく考えてみると、お金というのは人と人との関係において生まれるものです。ですから、どちらかというと人持ちのほうが優先するのではないかと私自身は思います。

しかし、お金を優先して早く大金持ちになりたい人の気持ちもわかりますので、早計に決めることもできません。このテーマは、人それぞれ生き方や価値観によっても異なると思います。

そのため、私論としてお許しをいただきます。

私は若い頃から人との接点が多かったためか、このテーマが人生の原点になっています。

人間は大変面白い。そして、いろいろなことを教えてくれます。喜びや、悩み、良いことも、悪いことも。そして、知識や知恵を共有して共に分かち合えるから楽しい。現在の自分のすべては、人との出会いによって作られたものであると言っても過言ではない。

初めてビジネスの世界に入り、先輩からいろいろな指導を受けた。

そして、いろいろなトラブルや迷惑をかけながら、社会という戦場で戦って勝つことを教えられた。特にビジネスの世界では「人を制する者がビジネスを制する」という言葉を教えられたのを今でもよく覚えています。また、このころに出会ったのがデール・カーネギーの書籍『人を動かす』です。この書籍がキッカケとなり「人間学」を学び楽しむことが好きになりました。

どんな偉そうなことを言っても一人の能力範囲には限界があります。

人から支えられなかったら何もできません。そのためには、人から支えられるような人持ちになることではないでしょうか。もちろん、お金も大事なものですが、お金はその後からついてくるものです。

高齢者になってお金以上に大切なのは人との心のふれあいです。しかし、人間関係は疲れるという人が多くいます。納得します。全員が全員、自分に合う人ではないからです。

でも、人には何か必ず共通点があるから面白いのです。

私の生き方は「急がば回れ」の格言どおり「金持ちより人持ち」の生き方に魅せられたものとなりました。

教訓　金持ちの人が必ずしも人を惹きつけるとは限らないが、人持ちの人は必ず人を惹きつける。

4 人生をどういきるのか ～真夏の暑い夢物語～

真夏の暑い夜、うとうとしながら長い人生の夢を見ていました。お陰でその日は寝不足でした。以下、私の夢物語をご紹介いたします。

「幼少時代は勉学に励み、二十歳ぐらいになった時、特別な才能を持っている人はその世界に飛び込みます。例えば、スポーツでは王貞治選手、長嶋茂雄選手のように。

また、芸能の世界でも歌手や俳優を目指します。但し、社会に出て成功するか否かはわからない。

大多数は一般企業に就職し、四十～五十歳位まで一生懸命働いて努力します。

但し、現在の職業が自分にとってふさわしくないと思っている人にとっては、このころが転職活動のチャンスにもなります。その決心もつかぬまま、大多数が無難な道を選択し六十歳の定年を迎えるという道が一般的なようです。但し、六十歳からの人生は長いようで短い。

総務省の発表によると男性の健康寿命は男性が七十二歳、女性が七十五歳です。

私は現在八十二歳でまだ健康ですが、この数字は結構正しい数字であると思います。この頃になるといろいろなところに支障が出始めてきます。その上、いつどこでケガをするか、病気で倒れるかわかりません。それを考えると残りの人生は短い。六十歳前後から、名誉や地位や金にこだわって仕事をするより第二の人生の構想を立案し、六十歳になったら仕事のウェートを第二の人生に徐々に切り替える準備をすることが肝要かと思う。人間には仕事のほかに「あれもやってみたい、これもやってみたい」ということが山ほどあるはずです。今準備しないと仕事だけの人生で終わってしまう。

この決断ができた人は後半の人生を遊び楽しむことができるのです。さあ、明日からでも、今日からでも過去の名誉や地位を忘れて、第二の人生に習慣を切り替えられるか否かが自分に課せられた課題です。」

ウトウトして目が覚めた時には朝の4時半でした。

これが私の真夏の夜の人生ドラマです。我々は毎日忙しく仕事をしていると、こんな大事なことを忘れがちになってしまうものです。ですから、後悔しないためにも、やりたいと思うことは今やるしかないのです。

教訓　多くの人は人生の終焉を第二の人生の期間中に迎える。
人生のやり残しをしないためにも、この時期は重要である。

5 自分らしく生きるということ

自分らしく生きる、それは誰もが夢見ていることではないでしょうか。人間社会にはいろいろな拘束があり、それを無視して生きると村八分にされてしまうから、なかなか思うようにいかないのが現実です。

これには自分らしく生きる人間としてのステップが必要になります。

辞書によると自分らしく生きるとは、自分の気持ちに正直になり生きていくこと、そして、他人のことにとらわれず、楽しいと思われること、やりたいと思うことを自ら選び生きていくことです。人はどうしても他人の目を意識し、世間の基準に自分の発言や行動を当てはめていくことが無難であると思いがちですが、それでは自分らしく生きていくことにはなりません。人間は誰しも生まれも育ちも違います。

誰一人として同じ人はいないのです。だから、親からさずかった能力や才能は大切にしたいものです。先ずは他の人の才能や能力を学ぶだけではなく、自分の得意とすることを知ることです。それは何でもいい、笑顔でもいい、やさしさでもいい、スポーツでもいい。また人には音楽等々、多くの趣味が必ずあるはずです。それを極めていくことではないかと思うのです。

それがいずれ、誰にも負けない自分自身の財産になり、自分自身が好きになり、自己肯定力を高めるものとなっていきます。よく使う言葉ですが、失敗を恐れずに積極的に行動していくことが、将来、身を助けるチャンスになるからです。

そのような考え方がある程度身についたら、その得意分野を生かしながら、更に自分が持っていない知識や知恵を素直に他から学ぶことが必要です。すると必ずあなたの持っている得意分野に磨きがかかり、あなたにしかできない社会への舞台に立つチャンスが訪れることでしょう。相撲界では今話題の力士、大の里、歌手の仲間では大変な苦労をして一流歌手の仲間入りした女性歌手のおかゆ、ＮＨＫの連続テレビ小説「らんまん」のモデルになり「日本の植物学の父」と呼ばれる牧野富太郎博士など、誰からでもいいのです。

他にもそのような生き方をして世のため、人のためになった偉人が我々の周りにもたくさんおります。

自分らしく生きるとは、先ず自分の能力をよく知って、更に他から素直に学び、その能力を最大限に生かして生きることなのです。

教訓　他者に学び、自分をよく知った者こそが、自分らしく生きることができる。

6　人間関係の常識・非常識の法則

私は仕事から離れて、今までおろそかにしてきた「雑学」を勉強中です。いろいろなタイプの書籍や新聞などを読んだり、今までの人脈にはない人たちから、いろいろな情報を得て楽しんでいます。そこで最近ある新聞記事で奇妙な言葉に出会ったので紹介します。人の世にはおかしな法則があるという。1．ちゃらんぽらんで我が儘な人、2．要領がよくて図々しい人、3．常識にとらわれず図太い人、このような人のほうが、やる事成す事がうまくいき、道も拓けるというのです。

一般的には世間の常識に従い、周りに気配りをし、他を思いやる真面目人間が報われるはずである。私もそういう教育を受けてきた人間の一人です。しかし、今まで多くの人間関係に係わってきた私は、ある時、双方の考え方に疑問を持っていました。

真面目人間はあまりにも真面目すぎると、謙譲の美徳のようですが、自分を委縮させてしまう、と同時に相手から見ても隙の無い、魅力に欠けた人間に見えてくるのです。

一見、ちゃらんぽらんな人や、要領のいい人、常識に捉われない行動をする人は社会に受け入れられないように思われますが、ちょっとお付き合いをしてみると、多彩な趣味や才能を持っている人が多くいます。そこで私はこの嫌な言葉の中に良い面はないだろうかと考えてみました。ちゃらんぽらんとは辞書によると「いいかげんで無責任」とあります。良い面は付き合って疲れない人、遊べる人等が考えられます。要領がよく図々しいというのはよくいるタイプです。良い面は器用で押しが強いという点です。

このように分析してみると、人間には悪い部分と良い部分が同居していることに気づきます。そこで私が今まで人間学を学んできて思うことは、人間関係の常識の基本である、約束を守る（守れないときはすぐ謝る）、明るく笑顔で挨拶（人と付き合う基本）などが守れさえすれば、何でも自由にしていいのではないかと思うのです。

その他の常識にあまり縛られず、そして意識せず、自分の才能を活かすために多少強引でも、要領よく図々しく、図太く生きることです。

何故ならば、あまり常識にこだわりすぎると行動が小さくなり、ストレスになり、人間成長の妨げになるからです。最後に私見を申し上げると、人間関係においては好き嫌いや合う人、合わない人とお付き合いをするのではなく、その人の好きなところとお付き合いすることです。

教訓　世評の低い「ちゃらんぽらん」な人の中に意外と、多彩な趣味や複眼的思考の持ち主がいるものだ。

7 人生には、無駄金・無駄遊びが必要

このテーマはあまり良い言葉として使われてはいない。どちらかと言うと控えたいという人が多いのではないでしょうか。私も今まではその一人でした。我々の育った環境がそうしたのかもしれない。それとも、過酷なビジネスの世界で生き抜くためには、そうせざるをえなかったのかもしれない。

今定年を迎える年齢になった時、過去を振り返ってみると、あまり良い生き方ではなかったようにも思います。その理由は仕事、仕事が中心で人とお付き合いする飲み会や、遊びが無駄だったように解釈されてきたからです。そして、自分の名誉や地位そしてお金のために仕事にすべてをかけたビジネスマンは、それを受け入れる余裕すらなかったと言っても過言ではない。

考えてみると、ちょっと遠回りの人生ではなかったのではないかと最近思っている。そのわけは、すべての成功の秘訣は「人間関係」にあるのではないかと思っているからです。但し、仕事いちずにかけ成功した価値観を否定しているのではない。

何か大切なものを置き忘れてきたのではないかと自問自答しているからです。

何故こんなことを私が書いているかと言えば、一般的に世の成功者たちも良い友人や遊び方

に恵まれず、老後を孤独で寂しく過ごしている姿を多く見かけるからです。

皮肉なことに、せっかく努力に努力を重ねて得た名誉や地位そして財産も「人生の生き方、楽しみ方」の面では逆効果になってしまっているケースがあるということです。

多少、器用に生きてきた人達から学んで生きたいものです。

そこで、器用にビジネスと趣味を楽しみながら生きてきた日本Ｍ＆Ａセンター会長分林《わけばやし》さんを紹介いたします。その理由は私が59年間ビジネスの世界で共に競い合ってきた仲間として、「人生の生き方」のモデルになると思っているからです。彼は京都の能家の生まれ、「能」という日本文化を今日まで自ら楽しみながら、ビジネスの世界を築き上げてきた人物です。

自分の母校である立命館大学に記念館を寄贈したり、最近では能の文化を広めるため表参道にイデアルビルを建立し、自ら「能の舞台」を作るなど社会貢献に余念がない。

一見無駄金、無駄遊びのように見えるがそれをできる人は少ない。まさに、私がモデルにしている生き方です。

友達として「人生の成功者」にエールを送りたい。

教訓　一見、無駄金や無駄遊びのように見える消費であっても、それが利他という報恩に向けられれば、生きたお金となり社会貢献ともなる。

8 仕事と趣味、楽しみ方の違い

辞書によると、一般的に使われている仕事の意味は「生計を立てるために従事する職業」と書かれている。また、趣味・遊びとは「仕事・職業としてではなく、個人が楽しみとしている事柄」とある。長い間、仕事に従事していると仕事が趣味や遊びの一部になっている人が多い。

私もその一人です。

これは、日本のビジネス競争社会から生み出された文化でもあります。

朝早くから夜遅くまで仕事。仕事に追われる中では真の趣味や遊びの文化は育ちにくいものです。

ところが、私の現役中に出会った人の中には仕事と趣味（遊び）のバランスがとれていたビジネスマンが実に多かった。その人たちは人間的にも魅力的で器の大きさを感じさせる、うらやましい存在でした。

仕事とは辞書に書かれているように、主に自分が生きるための戦いであるため、それに専念するあまりに人間的にも視野が狭くなってしまいがちです。

仕事以外に趣味や遊びを楽しんでいる人は自分の心をオープンにして、真の自分を楽しんでいる人であると言えます。

自ずと他から教養や知識を身につけて、一回りも二回りも人間として魅力的になっている人ではないかと思います。他から受け入れられる人格者とはそういう人です。

残念ながら私は教養の面では後れを取っていますので、これからは皆さんからご指導いただきご迷惑をおかけしないように努力したいと思っております。

それには人生のモデルになる人から学ぶことが早道です。

私の場合はビジネスの指導は師匠である山田淳一郎さんから、人生の考え方や生き方は右山昌一郎さんから指導を受けました。

運が良かったと感謝しております。

そして、若手の平川茂さんからは人生の楽しみ（遊び方）方を学びモデルにしました。

みなさんの周りにもこのようなモデルにしたいような方がたくさんいるかと思います。

年齢に関係なく、良いものは良いと素直に学び、お付き合いすることをお勧めします。

一回しかない人生ですから、何よりも自分のために。

教訓　仕事をテキパキとこなし、趣味を嗜む人に、器の小さい人はいない。

9 遊びの達人、伊集院静氏から学んだこと

これまでいろいろな本を手当たり次第に読んできましたが、こんなに感動し、読書から知識や教養を得たことはありませんでした。伊集院静氏の著書『旅だから出逢えた言葉』です。このエッセイは氏が世界そして日本国中を巡り続けてきた旅先での出会いや、心に残る数々の言葉を書き綴ったものです。氏の本業は作家ですが、その仕事の合間に多くの人と交わり、人生を楽しんでいる姿を高齢者の皆様にも伝えたかったのです。

とくに、氏はヨーロッパが大好きだったようです。フランスではセーヌ川に魅せられてセザンヌやモネ、そしてスペインではベラスケスやゴヤが収められているプラド美術館もお気に入りのようでした。その中でもとくにイタリアは芸術の都ともいわれ巨匠が多いところです。

私も現役中お世話になったオリベッティの本社イタリア（イブレア）に何度か行きましたが素晴らしいところです。関心のある方は氏の書籍の中で詳細をご覧ください。また、氏の国内での人脈もすごい。幼少からスポーツが大好きで、特に、ゴルフはプロを目指したかったようです。ワールドシリーズで日本初のＭＶＰを受賞した野球の松井秀喜さんやマスターズのトップを目指したゴルフの松山英樹さんとも懇意にし、楽しんでいる姿は高齢者の生き方のモデル

になるのではないかとふと思った次第です。うらやましいほどです。

過去を振り返ってみると、ほとんどのビジネスマンが仕事中心で生きてきた人が多いと思う。それは地位や名誉そして成功を追いかけて……。

但し、高齢になり仕事から離れたとき、一人ぼっち（孤独）になることを忘れて高齢者になると、それまで蓄えた地位や名誉そして成功は過去のものとなります。逆に高齢を生きる上でそれは邪魔になるかもしれません。すっきり忘れたほうが第二の人生を生きるうえで人生の本番を迎えることができるのではないかと思うのです。

では、どうすればよいかと問われるならば、その回答は小説家　伊集院静氏の『旅だから出逢えた言葉』という人生観の中に正解があるように思います。

すべてにおいて孤独に入る具体的な準備が必要です。その上、本物の魅力ある人間、尊敬される人になるためには、仕事以外の豊富な「遊び」や経験から生み出された「人間作り」が必要ではないかと思うからです。

教訓　現役時代に貯えた地位や名誉や業績は、後生大事に持ち続けると、厄介な「負債」となることがある。

10 幸福になるためには何をすればよいか

人はそれぞれ、生まれも育ちも教育も信条も、誰一人として同じ考え方の人はいない。そのため、数人で楽しんだり、団体で何かをしようとしても、意見の食い違いから、すぐ別れてしまうケースが多い。それは過去の人生や教育の中で「人間どう生きるべきか」という基本理念を学ばなかったからだろうと思います。自我のまま大人になってきたのです。

最近私が思うことがあります。先日私のマンションの中で10歳位の子供から大きな声で「コンニチハ！」と声をかけられて、私も笑顔で「コンニチハ！」と返事しました。挨拶もできない大人が多い中で、子供から教えられてうれしく思いました。

挨拶とは人間の原点であり、良い人間関係を築く基本です。また最近では電話やメールがコミュニケーションの重要なツールになっていますが、この使い方に疑問を感じる時があります。電話やメールは相手が見えないので、対応が難しい。電話やメールがあったらすぐ対応しないとあらぬ誤解を招きます。では、こんな時代にあって尊敬される人とはどういう人でしょうか？

私は今までの人脈の中で、多数の尊敬される人に出会ってきました。その人たちの共通の考え方は常に人に対する気づかいを大事にしてたものです。そのため相手の好むことを動物的に行動に移します（利他の行動）。それが自分の喜びなのです（自利の精神）。

そこで私が過去に影響を受けた、イギリスの哲学者バートランド・ラッセルの考え方をご紹介します。その理由は私が尊敬する人達と考え方がよく似ているからです。

ラッセルは自分の経験をもとに３つの人生哲学を書いています。

１．愛情の追求　２．知識の追求　３．人類の苦しみの追求

要約しますと、１．愛情の追求は、人間関係で成功するための最も必要な課題です。人は人の心に魅かれます。私が尊敬している人の周りにも人が大勢集まっています。それはそこに愛情があるからです。

２．知識の追求は、ラッセルがライプニッツ哲学や数々の書籍、外界からの知識を積極的に学び、広めたことでも知られています。この点でも私が知る尊敬できる人達は知識や経験を学び、惜しみなく他に提供している姿は同じです。

第３．人類の苦しみの追求では、より幸福な世界の創造、人間の悩みやねたみ、疲れ、健康、そして競争等を主眼に置いています。人間の本性をラッセルの哲学は教えています。

教訓　苦境にあっても、ぶれない心を持ち続ければ、人が集まりやがて、幸福が訪れる。

11 人はなぜお笑い芸人に魅せられるのか

幼少の時から勉強を強いられ、小、中、高、そして大学に進学する、そういう生い立ちの日本人は多いと思います。

自分の個性など知らぬ間に大人になっていく人も多い。しかし、自分の個性に目覚め、チャンスをつかみ世に出る人がわずかにいる。

一般的にはビジネスの世界に身を置き、悩みをかかえながら挫折を繰り返し生きていく人が多いように思える。そのような時、仕事の合間に自分を元気づけるような楽しい居場所を見つけることが必要ではないか。

たとえば、今テレビで話題になっている、お笑い芸人・出川哲朗さんのバイクで旅をする番組です。出川さんのあけっぴろげなキャラクターに人は癒されるのではないだろうか。

仕事が忙しければ忙しい人ほど、あるいは優秀な人であればあるほど、全く別の世界のような癒される居場所が必要なのです。しかしながら反面、悩みや苦しみは成長するための過程ともいわれる。但し、その悩みを引きづってしまうと返って立ち上がれなくなってしまう場合がある。では何故、お笑い芸人にその癒しを求めるのでしょうか？

それは人を元気にするエネルギーがそこにあるからだと思う。

ここでもう一度「ガムシャラに働く人」と「遊びを楽しむ人」の関係を整理してみたい。世の中で成功している人や人生を楽しんでいる人は一見、回り道をしているように見えるけれども、実は成功に必要な人間関係や優秀な仲間から成功に必要なノウハウを吸収しているのです。ですから、仕事に関係ない人とのお付き合いは他のエネルギーを吸収するために必要な要素なのです。なるべく人を毛嫌いせず、違った世界の人とのお付き合いをすることが人間を一回り大きくすることにつながるのです。是非とも、芸人や落語家、芸者衆の三味線を聞きながら楽しんだ昔の成功者たちから成功の秘訣を学びたいものです。

現代でも我々の周りには事業の成功者や、人間的に魅力ある人が数多くおります。そういう人から学ぶこともお勧めいたします。

教訓　別世界に生きるような人との出会いは、大いに人の視野を広げてくれる。

12 空気を読む人、読めない人

このテーマは良い人間関係を作るうえで最も大事な言葉です。主に、営業に長く携わった人はこのことをよく理解している人が多い。その理由は長年の人間関係で苦労してきたからです。そうであっても空気を読むということは難しい。先ず人間関係を築くためには、相手の考え方や相手の求めていること、趣味等の会話をしながらよく知ることが必要です。これは営業に限らず、誰にでも人生を生きる上で共通のテーマです。日頃は相手からもよく観察されていますから、自分勝手な行動をしていると、そのうち誰からもお付き合いしてもらえなくなってしまいます。人脈ができる人、できない人の分かれ道にもなるからです。では、人が集まってくる人とはどういう人でしょうか?

空気が読める人、ある程度の常識を持ち、お付き合いして楽しくなるような人です。

そして、打てば響くような感性の持ち主です。そうなりたいなら、簡単な道があります。

自分の周りにいる空気の読めそうな人、感性の豊かな人とお友達になり感性を磨くことが早道です。自分ではなかなか気づけないものをたくさん持っていますから。

もし、そういう人から嫌われた時には、その人を忌み嫌うのではなく、謙虚に反省し、ひたすら学ぶことです。先ず、空気の読める優秀な人とは自分勝手で、暗い人、人の意見を聞かない人には近寄っていきませんから。では、空気の読める人とそうでない人との違いは、どこにあるのでしょうか？　それは相手を思いやる心にあるのです。

従って、自ずと空気の読める人同士のグループと空気の読めないグループに分かれてお付き合いをするようになっていきます。ご存じのようにエクセレント（優秀）グループと烏合の集団になっていくのです。それは、皆さんもお気づきのことと思います。

しかしながら、人生は一回しかありませんから、常識を持ってお付き合いができる範囲の人間になりたいものです。

ビジネスにおいても、相手に対して空気の読める人にならないと、ある程度の実績をあげることはできません。利他の心が必要なのです。しかしながら、人間誰しも生まれも育ちも趣味も価値観も違いますから無理をせず、自然体で、真心をもって接すれば楽しい人間関係を築くことができると思います。

是非、空気を読める人になっていただきたいと思います。

教訓　空気が読める人は、人間関係を築くのが得意である。自分が空気が読めないと感じる人も「読める人」との付き合いを通して、「読める人」になれる。

13 「なせばなる、なさねばならぬ」という言葉

私はケガで入院中、桜井秀勲さんの著書『70才からの人生の楽しみ方～今こそ自分の最高の舞台に立とう～』を読んで、現役を離れ、読書を楽しみ、高齢者のためのエッセイを書く決意をした。そして出版したのが第一作目の『引退からが人生の本番』でした。

恩師・右山先生のアドバイスもあり、共同で「わいわい・ガヤガヤの会」も立ち上げました。

その場で出会ったのが、高齢者になってから人生の最高の舞台に立って楽しみ、且つコロナ時代の人たちを元気付けているマスミ・オーマンディさんです。

マスミさんはサンフランシスコに長く在住し、日本の英語教育にも携わり、帰国後は全国各地に英会話教室を開設し、「話せる」英語教育をめざして活躍してきた経営者です。大好きな歌を忘れきれず、英会話教室をいとこに任せて、自分は歌手になることを決意し、第二の人生を楽しんでいます。マスミさんが舞台に立ち笑顔で、エネルギッシュに歌っている姿はなんと美しいことか。そして参加者を魅了し、共に楽しんでいる姿を見るとき、これが高齢者の最高の生き方ではないかと気づいたのです。

そこで「なせばなる、なさねばならぬ、何事も、なさぬは人の、なさぬなりけり」という米

沢藩主上杉鷹山の言葉を思い出した。

どんな時でも強い意志をもってすれば、必ず成就するというマスミさんの志と上杉鷹山の言葉が重なって見えたのです。大小に限らず、どんなことでもいいと思う。

何かやりたいことがあるはずです。好きなことが出来るのが一番幸せです。

みんなで刺激しあって、第二の人生を楽しむ生きがいを見つけ出しませんか？

やる気があれば必ず、なせばなるのですから。

教訓　高齢者の方が最高の笑顔で楽しんでいる姿を見ることがあるが、そういう人こそ「なせばなる」を愚直に実行している人である。

14 恩師　右山昌一郎先生を想う

恩師・右山昌一郎先生が２０２３年6月23日、93歳で亡くなられました。

「恩師」とは辞書によると、「教えを受け、お世話になった先生」と書かれている。私にとって右山昌一郎先生は大変お世話になった人生の恩師でした。残念です。他にもお世話になった仕事上の恩師は、平川忠雄先生、尾崎三郎先生、山田淳一郎先生がおります。その一人が右山昌一郎先生でした。それぞれがそれぞれの個性を持ち、会計業界を先導し使命を果たされた方々です。私の印象は仕事は超一流、趣味や遊び心も豪快な人達でした。と同時に気性も厳しく、ズバズバものを言う人達でした。そして、印象的だったのが人を気遣う人達でもあったということです。このような人間学のモデルになるような先生方とお会いできたことは私の誇りです。右山昌一郎先生は「仕事は仕事として極めなければならない大事なことであるが、もっと大事なことがある。それは人間として生きる道である。そのためには、成長期、中年期、後年期に必要な知識や教養（文化）を学び、その上大事なことは人間関係作りである。視野を広げるためには大いに人と交わり、遊び方を勉強することが人として生きる道である」と常々おっしゃっておりました。また、すべての人を受け入れる懐の大きい人でもありました。私が会社の中に

「人間学を学び楽しむ会」を創設するキッカケになったのも、氏のお陰に負うところが大きいのです。感謝しております。我が人生を振り返った時、この四人の先生方の存在が私の人生の考え方に大きな影響を与えてくれた人達です。そして、右山昌一郎先生が事務所を離れてから、私もケガのため会社を離れることになりました。中高年の生き方に何か貢献しようと思いエッセイを書き続け、それを右山先生に相談したことが、書籍『引退からが人生の本番』を出版するキッカケになったのです。さらにこれを実践する場として「わいわい・ガヤガヤの会」の創設を提案してくれました。右山先生には何から何までお世話になりました。

私が電話でお話しができたのは、２０２3年の3月末でした。その時、ご本人から「私はもう会には参加できないと思うから川田さんによろしく伝えてね」と言われたその時には言葉が多少もつれておりました。これが最後のやりとりでした。また、残念だったことは、「第7回わいわい・ガヤガヤの会（7月5日）で分林さんが完成した「能」の舞台を見に行きたいな」と何度も言っていたことです。それは生前から分林さんから誘われて、ご夫婦で何度も能を見に行っていたからです。恩師・右山昌一郎先生、長い間ご指導ありがとうございました。

教訓　自分の人生に師と仰ぐ人を戴き、その師に学ぶことほど大切なことはない。

15　瓢箪から駒の人生を楽しむ

最近、テレビ番組「プレバト」で活躍中の俳人夏井いつきさん65歳が俳句の日々を綴ったエッセイ集を出版した。その著書は瓢箪から駒ならぬ『瓢箪から人生』です。大変面白い題名です。瓢箪から駒とは道理上で信じられないことが起きることの意味ですが、人生も同じようなことが起こるということです。テレビでご存じのように夏井さんは、自分の生涯をかけて俳句を全国に広めるため、「いつき組」を結成し、全国の組員に指導して歩いています。このような活動がテレビ局の目にとまり、現在6チャンネルの名物番組「プレバト」になったのです。

一介の人間が大義を背負って努力すれば、ひょっとしたことから人の目に留まり人生のチャンスが生まれるという見本です。夏目漱石は人生のミチクサを経験し、猫とじゃれ遊んでいる時に小説「吾輩は猫である」を生み出し、文壇に登場したことは既にご承知のことと思います。そこでもう一人「瓢箪から駒」が生まれるといいなと思っている人をご紹介いたします。

歌手であり、ギタリスト、作曲家である柳沢伸之（芸名ノブ）さんです。

このミュージシャンは歌手マスミ・オーマンディさんからご紹介いただいた方です。ノブさんは現在、六本木を中心に赤坂、原宿のライブハウスで活躍しているミュージシャンです。

私との出会いは2年ぐらい前のことです。ノブさんのコンサートを見に行った帰りに「瓢箪から駒」ならぬ、ある出来事がありました。

それは、コンサートの終了後、たまたま電車での帰り道、「島田さん、あなたの人生観を詩に書いてくれませんか」と言われ、突然なのでびっくりしました。一旦はお断りしました。「いや、私が手直しをしますから何とかお願いします」と何度もせがまれて、しぶしぶ引き受けてしまいました。そこで私は著書『引退からが人生の本番』の考え方にあるテーマ「人生の生き方、考え方」の中から引用し書き綴りました。

それからしばらくして、「ありがとう友よ」が完成しました。びっくりしました。それはプロが文章に曲をつけると文章がこんなにも生き返るのかを知ったからです。「ありがとう友よ」とは私が現役中にお世話になったお客様への感謝の気持ちを書き綴ったものです。

それが今回、CDになり発表されることになりました。

このように人生には何気ない行為が、思いもよらないことから起こりえることを知り、感動すると同時に、このCDが「瓢箪から駒」になることを期待し、応援させていただきます。

教訓　自らが行動を起こしてこそ、福を呼び込む「一陽来復」の日が訪れる。

16 現役中と現役を離れたあとの文化の違い

多くの人々は何らかの仕事に従事し、ひたすらその仕事を中心に生きていくものです。そのため仕事以外のことになると趣味や思想的な研究など、やりたくてもできる環境がなかなかないというのが現状です。私の場合は仕事中心であると同時に人間学に関心があったため二股をかけて生きてきました。そのような環境の下で会社を離れることになったのです。

仕事から離れるということは仕事人間にとって人生の終わりを宣告されたようなものです。極論すれば自分という存在すら失うことになりかねません。

ある程度社会的な地位のある方にとってはその悩みは想像を絶します。何故ならば、その社会的な成功のプライドが邪魔するからです。私の場合は不思議なことに年齢的にも、また次にやる仕事（想い）があったため、この機会をチャンスにできたのです。むしろこの決断はこれからの人生を本番にするにはちょっと遅すぎたようにも思っています。

ですから、残りの人生を豊かなものにするためには過去を早く断ち切って、これから生きる新しい文化を学ぶことなのです。そうしないと人生の再スタートの機会を失ってしまうのではないかと思います。その文化とは仕事の文化ではなく、今まで学べなかった第二の人生に必要な文化です。それは、雑学や一般教養の世界です。現役と現役から離れた後の文化には違いがあります。そこで紹介したいのが明治大学文学部教授、斉藤孝先生が書かれた『いつも話が浅い人、なぜか話が深い人』です。これを読んで感動したところが沢山ありました。現役を離れたあとの仕事自慢は一般社会ではあまり歓迎されません。むしろ豊富な人間味のある面白い楽しい話が必要なのです。そのための多くのアドバイスがこの斎藤先生の本には書かれています。特に、高齢者になったら人が恋しくなり友人との飲み会や会話を持ちたくなります。そういう時こそ豊富な話題が必要になります。自分の体験や読書から得た知識等は親しい友人と会うたびに喜ばれます。

そのようなことが高齢者になってからの楽しい生き方、居場所になるのです。人間には誰にも平等に年齢や能力の限界が到来します。その時には持って生まれたキャラクターや知識や教養が出番になるのです。それを活かして第二の人生を生きられたらなんと幸せだろうかと思います。世の中には現役を離れていろいろな分野で変身している人が多くいます。

教訓　第二の人生では、第一の人生の武勇伝よりも、時々、垣間見られるその人の人間力こそが威力を発揮する。

第4章

人との触れ合いで「利他」の心を重んじる

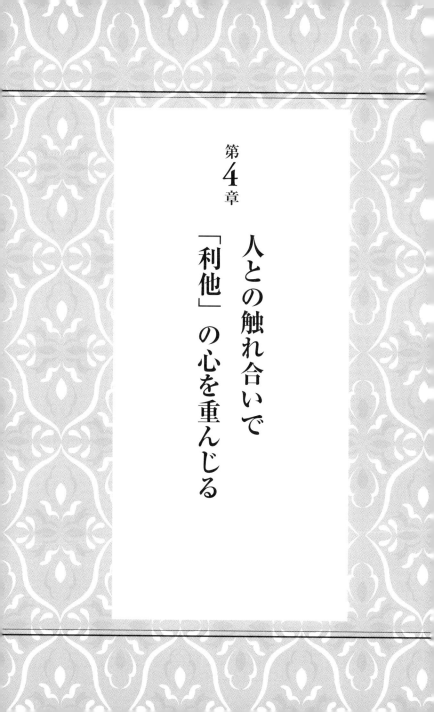

1 人脈の作り方・壊し方

良い人との出会いは、人生の財産と言われますが、これがなかなか難しい。それはお互いが歩んだ道が違うため、価値観が異なるからです。自分が正しいと思うことでも、相手にとって正しくないことが多いからです。そこでいろいろなグループ活動や交流会で行動する際は、自分自身が気をつけなければならない多くのことがあります。ここで私が最近出会った事例を紹介します。

ある団体で知り合ったA氏から「住所と電話番号を教えて」と言われて何気なく教えた。その後、彼がある政党に所属しており、選挙のためであることがわかった。私を選挙の協力者にしたかったことを後で知ったのです。「初対面からこれはないな」と我ながら首を傾げた。

人間関係のルールとは何かを教えられたような気がしました。また、先日、曾野綾子さんが書かれた『思い通うりにいかないから人生は面白い』の中の一節に「人脈の作り方・壊し方」という面白い文章を見た。そこで、その一部を引用いたします。

曽野さん曰く「私がどうしても好きになれないのは権力主義者です。『偉い人と知り合いだ』と吹聴するような人も苦手です。その手の方は、お目にかかって早ければ5分、長くても30分でわかりますから、その後はそれとなく遠ざかればいいだけなんです。本当の人間関係は肩書や地位等とは無縁のところにあるはずです」。その意見に私も賛成です。

私は今まで多くの方々とお付き合いをさせていただき、それぞれの価値観や考え方を皆様から学ばせていただきました。そのお陰でここまで多くの方々との人間関係を築き上げることができたと思っています。ここで私が大切にしている人間関係のルールを紹介します。

①他を知り、己を知る　②自慢話は禁物　③豊富な話題を作る　④常に与える姿勢でいる　⑤人の悪口を言わない

と思っていますが、未熟な自分への自戒でもあります。

でも時々、意に反した言葉が出てしまう時があります。

そうしたら反省。いつも反省しながら、また失敗しての繰り返しをしながら、少しはまともになってきたかなと、自分をほめてやるのです。

教訓　本当の人間関係は、肩書や地位とは無縁のところにある。

2 良い人間関係を作る「4つのステップ」

最近読んだ本の中に脳科学者、中野信子さんの『人はなぜ、さみしさに苦しむのか』が大変面白かった。中野さんの場合は脳を研究している学者の立場から書いており、うなずかされる。

一方、私の物を書く立場はビジネスの世界からで、人が絡み合う人間の戦場の中から人を見てきたので、生々しい人間模様の経験からです。

人間とはそもそも、さみしさに苦しみながら生きていく生き物ではないかと思う。

これは避けて通れない原点なのです。孤独との戦いの中で人が絡み合い、そして必要な時は協力し合って夢を実現していくのです。そこで先ず、人間関係のスタートから見てみます。

人間関係の「第一のステップ」は何らかのキッカケで人と知り合い、表面上で相手を評価し、気が合わないと思えば離れていくのが常である。そして「第二のステップ」は少しでも付き合う価値があると判断すれば、近づいていき相手を観察しお付き合いが始まります。但し、「第三のステップ」では近づき過ぎて、相手の嫌なところが見えてくるため離れていく人も多い。

他方人間とは、悪い面と同時に良い面があることに気づきます。

「第四のステップ」では自分の持っていない相手の価値観を素直に認め、お付き合いが始まるのです。ここまで来るまでには、かなりの時間と悩みや苦しみを経験することでしょう。
そしてお互いに成長していくのです。

「第五のステップ」では相手の悪い面を見る習慣から、徐々に相手の良い面を見る習慣を身につけていきます。これが、長い間学んできた私の良好な人間関係作りの方程式です。

これらは、お世話になったお客様や社会の皆様とのお付き合いから学んだ貴重な体験です。

そこで、この考え方を整理してみますと、実に簡単なことで面白いことに気づいたのです。

1　なるべく他人の悪口を言わず、悪いところを見ないようにする。(これは難しいことです。人間とは本来、人の悪口が好きだからです。良いところを素直にほめてあげる人は少ないものです。)

2　そのためにも、一定の距離を保ち人の良し悪しを間接的に見る。

3　相手に期待し過ぎず、依頼し過ぎず、相手に与える（利他の心）を常に持つ。

4　お互いに交わした約束を守る。(約束を破ると信頼を失う)

皆さん何か気付いたことはありませんか?

教訓　良い人間関係の構築の第一歩は、己を知り、他者を知ることに始まる。

3 笑顔と挨拶は人間関係の基本

簡単なようでできないのが日常の挨拶です。特に、笑顔で目を見て元気な声でする１００％の挨拶はむずかしい。

それができている人は、周りを見回してみてもそう多くはいない。

人の心に伝わる挨拶とは開かれた心と笑顔から相手に伝わるものです。

その結果として相手も元気になり、自分もさわやかな気分になるものです。

それが人間関係の基本ではないかと思い、いつも明るい挨拶を心がけています。

家庭内でも、外で出会った人にも、会社でも、そして、お客様にもさわやかな心で「おはようございます」、「こんにちは」、「こんばんは」等と笑顔で挨拶すれば自然に良い人間関係が生まれます。

先日、私が入っているマンションで気づいた事例をご紹介します。

マンションの中では住人と出会っても、せいぜい軽いお辞儀をする程度で、しない人もいます。笑顔で目礼することもありません。それはそれで仕方ないと思いますが、同じマンションに同居している身としては少し寂しく感じていました。ところが、ある時、小学生２～３年の女生徒がエレベーターの中で「こんにちわ！」と大きな声で挨拶してくれました。そこで私は笑顔で「よく挨拶ができましたね」と褒めてあげました。すると「ありがとうございます」と答えてくれました。

多分、この子の両親の躾がしっかりしているのだろうなと想像し、微笑ましく良い気分にさせていただきました。

このように、人間とは微妙な感性を持った生き物です。ちょっとしたことでも、出会いのチャンスが生まれますが、逆もありますから注意が必要です。

最近、私がお付き合いしている人のなかに笑顔と挨拶が印象に残っている方がおります。何時も会うたびにニコニコしながら笑顔で挨拶してくれます。その方は歌手です。歌手であれ、ビジネスマンであれ、笑顔と挨拶は人間の基本であると思います。

今日から笑顔で挨拶をするように心がけましょう。きっと自分も楽しくなると思いますから。

教訓　よい一日の始まりにも、素晴らしい人間関係の始まりにも、常に明るい挨拶がある。

4 器用な人、不器用な人とは

器用な人とは何ごとでも卒なくこなせる人、そのそうなイメージがあります。

反対に不器用な人とは、思い込みが強く、人の心を読めない、優柔不断、自己表現が苦手、臨機応変に変えられない等のイメージが浮かびます。特に人間社会で人脈づくりをしていくためには器用な振る舞いが必要になります。がそのような人はそんなに多くはいない。しかし、不器用な人がすべてにおいて悪いわけではない。人には良い面と悪い面が同居しているからだ。

というのは、私がお付き合いしてきた人の中にも、ある分野に優れた才能を持っていながら、その他のことについては不器用な人が多くいるからです。そのような人が、器用な人にない特別な魅力と才能を持っていることを忘れてはならないと思います。一方、器用な人の中にも問題を抱えている人が多くいるようです。特に営業マンタイプに多く見られますが、器用過ぎて誠実性がないというパターンです。

一概に良し悪しだけでは片づけられない問題です。しかしながら、大局的にみると、器用な人は多面的にものを見る思考性があり、タイプとしては経営者に多く、また不器用な人とは自我の世界にこだわり、一つのことを追求する専門家タイプに多くみられます。

私はどちらかと言えば、不器用な面を持ちながら、基本的には器用であるという営業マンタイプかもしれません。

その理由は、生き方が定まるとそれに固執し、それを追求するからです。するとどうしても、多面的な思考性が欠如しがちになります。ところが、今まで私が見てきた数名の専門家の中には器用であると同時に一つの道にこだわり続け、その道でも超一流の世界を築き上げた方が多く見受けられます。

ですから、そのような方はしっかりした自分の経営哲学を持ち、自分のことだけではなく、それ以上に他に対する気遣いや利他の精神が強いというのが私の印象です。

従って、器用な人とは自分のことだけではなく、社会に対しても器用に貢献する器の大きい人であるべきだと思います。但し、その心はと問われるならば、「誠実さ」が人間の評価のポイントになるのではないか、ということです。その評価をするのは自分ではなく常に相手であるからです。

教訓　常に器用な人が愛されて、不器用な人が疎まれるわけではなく、器用さが疎まれて不器用さが愛されることもある。

5 言葉は人間関係を結ぶパスポート

我々は会社や友人関係、家族の中でもあまり言葉を意識することなく会話をしています。

そして、お互いが何気ない言葉を交わしながら、その人の性格や考え方を知っていくのです。

その結果、疎遠になる人、益々お付き合いが深まる人に分かれます。これが人間関係の第一歩です。従って、言葉とは人間関係を築いていくための大事なパスポートなのです。

それでは、どんな人とも等しくお付き合いすべきかというとそれはまた別問題です。

最初は人間疲れや人間嫌いにならないためにも、ありのままの姿でお付き合いすればいいと思います。そのうち、自分が好んでお付き合いしたい人から疎遠にされることがあります。

この時こそ、自分の言葉使いや考え方を検証する必要があります。

私もまだまだ未熟者ですが、私の周りには手本となる人が多くいます。

また、皆さんの周りにもそういう人がたくさんいると思います。

そういう人から言葉使いや人間対応を謙虚に学ばせていただく姿（心）こそが人から歓迎される言葉のパスポートを手にする近道ではないかと私は思っています。

私は82歳になりましたが、私の尊敬する92歳になる人格者と今でも、電話を介して週2回ぐらい会話を楽しんでおります。

その会話の内容は過去の偉大な人物伝記や遊び方、そして過去に出会った貴重な体験の数々で、それを聞くたびに「人間関係の在り方」を勉強させていただいております。

その気になれば何時でも誰からでも良い言葉を学ぶことができます。人間誰しも得意分野と不得意分野がありますから、不得意分野は素直に謙虚に学ぶことが大事です。

私が尊敬する人の中にマスミ・オーマンディさんがおります。

英会話教室の女性経営者であり、歌手でもあります。めっぽう明るく人生を楽しんでいるマスミさんの周りには大勢の人が集まってくる不思議な人です。

氏はアメリカ生活が長く、感性はどちらかというとアメリカナイズされており、英語でも日本語でも言葉のパスポートを自由に使い分ける方です。

マスミさんから、言葉は人間関係を結ぶ「パスポート」の本当の意味を教えていただきました。

と同時に「感謝」は人間関係を結ぶパスポートという言葉（意味）も教わりました。

ありがとう友よ。

教訓　飾られた言葉よりも、普段何気なく発せられる言葉が、実は人間関係構築の重要なポイントとなる。

6 人に好かれる「4つの条件」

最近、書店をぶらぶらしていると目につくのが、『人に好かれるための○○』といった本です。社会環境が良く、景気の良いときはあまり目にしなかったテーマが、今、大変重要になってきているのです。すべての人に好かれるということは不可能です。最低下記の4つの事項を意識して行動すれば良好な人間関係を構築することができると思います。

1，約束を守る。守らないと信頼関係を失い、ビジネスも長いお付き合いもできません。

2，何でも与える人になる。成功者の基本です。

3，何でも先延ばしせず、すぐにやる。優れた人は、だらしない人とはお付き合いしたくないからです。

4，人の悪口やうわさ話をしない。品格、品性を疑われるばかりでなく、自分自身もマイナス思考になるからです。

この4つの条件は心掛けさえすれば誰でもすぐに実行することができます。

幸いにして、私の周辺には優秀な人が多い。そういう人から刺激を受けながら、自分にない考え方の基本を学ぶことができたことを感謝しています。

しかし、第１から第４の事項はすべて簡単に誰でもいつからでも学べるから、ついおろそかにしがちです。

人間はとかく、高度な学問や知識を求めて勉強しがちですが、一番大事なことは人間関係の基本ともいえるこの４つの条件をしっかり学ぶことではないかと思います。

周りを振り返ってみると、成功している人や人に恵まれている人は、人への気配りも自分以上にしている人が多い。そこには人に対する感謝の心が見て取れるからです。

好かれるかどうかの評価は自分が自分に下すのではなく、周りの人が下すのです。

従って、周りの人にとって「どんな人」が好かれる人なのかをよく知って、どうしたら自分が他から好かれるようになるかをよく考えることが大事です。

成功者や人に恵まれている人はそれをよく知っている人達なのです。

教訓　人はとかく、高度な見識や学問を身に付けようとするが、対人関係の基本的ルールこそ、しっかりと身に付けるべきだ。

7 人が人を幸せにする人脈交流

人は人により生かされ、人により育てられます。そして人が幸運を運んできます。意外にわかっているようでわからない理論です。

だからこそ、人を大事にすることが幸運のポイントであることを理解することです。

そのため、私は自分の知人、友人を惜しみなくいろいろな人に紹介しています。

その結果、皆さんから感謝されます。

もちろん、双方の相性などもありますから十分配慮しながら、ご迷惑をかけないように紹介するようにしています。すると不思議にもその紹介者から、次の紹介者に、次々と人脈が広がっていくのです。良いことをすると他の人も同じ事をして他に喜ばれたいと思うのです。それが人間関係の楽しいところです。

この幸運の流れを作るためには守らなければならないことがあります。

それは、誰もが「自分だけが良ければ」という考え方をあらためて、「他に与える人」にならないと良好な関係が生まれないのです。ですから人脈作りのできる人とは、自分の得た人脈を惜しみなく他に与える、「利他の心」で接することができる人なのです。従って、人脈交流とは人から得た「喜び」を他に惜しみなく伝えていく心により成り立つものなのです。

幸いなことに私の周りには優秀な人たちがたくさんいます。皆さんの周りにもたくさんいると思います。この人たちは自身固有の人脈や人財ではありません。優秀な皆さんから紹介された貴重な方々です。この貴重な人脈とはお互いが共有する宝物なのです。

ですから、人を紹介された場合にはその紹介者の承諾を得て、他の尊敬する人達にも紹介しているのです。

すると、知らず知らずのうちに優秀な人たちのネットワークになり、みんなが幸せの人財を得ることができると信じています。このような考え方は過去に自社で学んだ「人間学を学び楽しむ会」が原点になっています。

人を傷つけたり、いじめたりすると決していいことはありません。自分の心も傷つきます。誰にも笑顔でやさしくしていると、そのうち幸運のネットワークから幸せをたくさん収穫することができます。人とは本来そのような生き物なのです。

教訓　幸運を運んできてくれるような人を大切にすれば、自分にとっての幸運のネットワークが広がる。

8 出会いは人生のチャンス

人は自分一人だけの努力だけでは大きなチャンスをつかむことはできません。多くの人との出会いにより思いがけない幸運に巡り合うからです。

そして、それがキッカケとなり夢にまで見た運命の舞台に立つことができるのです。

私はビジネスの世界でそのような運を持っている数多くの人を見てきました。

運を持っている人とはどんな人かと問われるならば、最終的には「人間性」ではないかと思うのです。その「利他の心」、「感謝の心」が人の心を動かすからです。

そこで私がかつて読んだ本、作詞家永六輔さんの『坂本九ものがたり』をご紹介いたします。

のちに大ヒットした「上を向いて歩こう」の三人トリオ　作曲家・中村八大、作詞家・永六輔、歌手・坂本九の三人がビッグチャンスつかんだ一曲でした。特に坂本九はこの一曲「上を向いて歩こう」で大ヒットし、全米では「スキヤキソング」として全米ヒットチャート第一位に輝き、世界のスターになったのです。但し、二人の作詞家と作曲者によると坂本九の歌はあまり上手くなかったと言う。「上を向いて歩こう」を「ウエホムイテ、アハルコフホフホフ」という変わった節回しで歌うのにはびっくりしたそうです。但し、何にもこだわらず、自由に、そしてあの笑顔で歌う九ちゃんの姿が人々を魅了したのではないかと二人は振り返っています。売れなかった三人の出会いが世界の歌謡界の一時代を築いた事例として紹介しました。

このような事例はビジネスの世界にも数多くあると思います。人との出会いがビジネスのチャンスを作るからです。

しかし、人との出会いは難しいとも言われます。それは誰にも好き、嫌いがあるからです。自分にも好き嫌いがあると同時に相手にも好かれるところと嫌われるところがあります。ですから、相手に好き嫌いを求めず、相手から学ぶつもりでお付き合いをすることです。するると、自然に友達になり友情が生まれ、大きなチャンスが生まれることがあります。人間関係とは不思議なもので、いつどこで何が起こるかわからないからおもしろい。だから自然体で焦らず、こだわらず、求めすぎないでお付き合いをすることがコツではないかと思います。

すると、いろいろな人からいろいろな友人を紹介してもらい、人脈が広がり、自分のやりたかった仕事やイベント構想もしやすくなるのです。

教訓　幸運は良い出会いに始まる。良い出会いは相手から認められる人になることから始まる。

9／本来、異質である他者とお付き合いする「6か条」

私はこれまで多くの人と交わり、人間関係を築いてきました。

人一倍失敗を重ね、人一倍悩んできたと自負しています。そこで学んだことは、どんな近い存在だろうが、自分以外はすべて他者であり、自分とは違う考え方、感じ方をする他の人間であるということです。お互いが親しくなりすぎると自分も相手も同じ考え方のように錯覚し、ちょっとでも違うと「この人は違う」と決めつけて離れてしまう。そこで、お互いが守らなければいけない6つの約束事を作って、現在私は実行中です。

1, 他者の悪口を自ら言わないこと
2, 親しくなっても他者の懐に入りすぎないこと
3, 自慢話をしないこと
4, 場の空気や相手の立場、振る舞いを読むこと
5, 自分勝手ではなく、他者の話をよく聞くこと
6, 知識や教養を身につけ話題を蓄積し楽しむこと

但し、これを実行したからと言って、すべてがうまくいくとは限らない。人はちょっとでも考

え方や感じ方が違うところを見つけてしまうと、何も言わずに離れていくことが多いからです。

そこで大事なことはこのようなことに自分が悩まないような心の準備をしておくことです。

それには、①自然に任せる、②追わない、③忘れる、④こだわらない、ということを人とのお付き合いの中で割り切ることです。多分、多くの人が他者との交流のなかでこのような経験をされ、悩まれたことと思います。心配する必要はありません。必要とする人は必ず戻ってきますから。私の経験からです。そうでない人は①、②、③、④の人であったと思ってさっぱりあきらめることです。あなたを待っている人は他に大勢います。若い人たちはすぐに今からでも実行できますが、高齢者になると頭が固くなっているので、この言葉自身がなかなか理解できない人が多いのではないかと思う。そして、悩みを引きずって悩むのです。

私の持論ですが、これから他者とわいわい・ガヤガヤ交流を深めて楽しく過ごすために、他を見て自分を振り返り、反省する柔軟性が必要になります。

これが異質な他者とお付き合いする条件ではないかと、私の未熟な経験から思います。

教訓　他者と付き合うコツには、６つの「こだわり」と４つの「こだわらず」がある。

10 友情の定義

辞書によると「友情とは共感や信頼の感情をいだき合って互いを肯定し合う人間関係、もしくはそういった感情のこと。友達同士の間に生まれる情愛。しかし、それはすべての友達にあるものではなく、自己犠牲ができるほどの友達関係の中に存在する。友情で結ばれた友達は互いの価値を認め合い、相手のために出来ることをしようとする。友情とは互いの好感、信頼、価値に基づいて成り立っている」と書かれている。

私見でありますが、現実はここまで信頼し合える人間関係は人生の中でもそう多くはないと思います。このような友情の資質を持つための生き方とは何かを知りたくなり、書店で調べたところ、かつて読んだ哲学者アリストテレス、カント、ニーチェに関する書『友情を哲学にする』に出会った。先ず、アリストテレスの友情論は他者を愛する前に自分自身を愛さなければならない。自己愛である。自分への友情が他者への友情に先行するという。だから自分自身を愛せない人は、他者とも友達になれないという理論です。

カントは「愛は変わりやすいから、そこには尊敬が必要である」と言っている。

この二つの均衡があってこそ友情が成立するのだという。従って、アリストテレスとカントは比較的友情の定義が似ている。お互い友達同士の間に同質性があるからこそ、わかり合えるのです。その考え方は理想的な友情論であると思う。

それに対して、ニーチェの理想とする友情は、アリストテレスやカントの同質性による愛や尊敬の友情に真っ向から対立している。それは友達同士がわかり合うということなどは幻想に等しいという。従って、ニーチェの友情論はそれよりもより高度な関係を追求したのです。友達を愛しながら、愛しているがゆえに戦うことができるという理論です。その敵対こそがお互いを成長させ、理想へと近づけさせるということになります。三人の哲学者は異口同音に、人間の本質を定義しているのです。

私の感想はと聞かれれば、どちらかというと一般的にはアリストテレスやカント寄りではないかと言いたい。しかし、ビジネスの世界で活躍している人を見ると、ニーチェのようなタイプが多くいることに気づきます。

我々の人間関係の中で友情を深める定義とは何か、と問われるならばそれは「自利利他」と答えたい。

教訓　古今東西の先賢達は「友情とは何か」を考察してきたが、私が問われたら「自利利他」と答えたい。

11 人生後半の戦略

先日、書店をぶらついているとき、ハーバード大教授が教える、人生とキャリアを再構築する方法について述べたアーサー・C・ブルックス著、木村千里訳の『人生後半の戦略書』に出会った。私が今まで探し求めていた人生のバイブル書であった。何度も何度も読み返した。

今まで高齢者対策用に多くの小説家や精神科医の書籍を読んできたが、似たり寄ったりで実践用としては物足りなかった。この本は熟読すればするほど実践対策書として人生後半のバイブル書になりえる本である。アーサー・C・ブルックス氏から刺激を受けたイギリスの心理学者レイモンド・キャッテル氏は「人間成長から死に至るまでには二種類の能力が備わっている」と定義しています。

その一つが流動性知能です。その知能とは「柔軟な思考力、目新しい問題の解決力、更に革新的なアイディアを生み出す知能です。最近話題になっている藤井聡太さん（20歳）などもその一人です。但し、流動性知能は20代にピークに達し、40代、50代には急速に低下するという。一方、今まで潜んでいた第2の知能である結晶性知能が、成人中期から後期にかけて上昇して来るという。結晶性知能とは過去の知識や経験の備えに依拠し、40代、50代、60代からその能力が知恵となり発揮されるのです。これでお分かりのように、これ以降が第二の人生（人生後半の戦略）に突入することになります。しかし、皮肉なことに活躍時の成功体験が成功依存症を招き、金や名誉、威厳にすべてをかけてきたキャリアビジネスマンはそう簡単に第二の曲線から脱皮することができなくなるのです。そして、今までおろそかにしてきた後半の生き方に悩み苦しみます。それは過去の名誉や地位にしがみついて生きてきたからです。そこで、真剣に考えなければならないことが死という問題です。誰にも平等に死は身近にやってきます。人生最大のヤマ場がこの死という新たな問題です。

死を前向きに捉えることができれば何でもできるはずです。ですから、死ぬまで足し算を続ける生き方を改めて、すべての執着を削り人生後半の戦略を立てることが賢明な生き方である。それは、残された数年あるいは数十年を自分のやりたかった価値あることに専念し楽しむために。

結晶性知能後の人生の戦略についてマルクスやキエロは「人の役に立つことは高齢者が負うべき責任」と著書の中で書いている。

教訓　人生後半の戦略で大切なのは、過去の知識・経験が知恵へと昇華した「結晶性知能」である。

12 良い人脈作りとその作り方

言うまでもなく、生きていくうえで人脈作りは必要です。特に高齢者になればなおさら必要です。但し、人はすべてにおいて他人と自分は違う存在であり、なかなかお互いが理解し合うのは難かしい。そこで先ず必要なことは、人に好意を持つことです。そして、損得勘定から近づくと金の切れ目が縁の切れ目になるから注意が必要です。自然体で時間をかけて、お付き合いをすることが人間関係のポイントです。

良い人間関係作りには焦らず、ゆっくりと寝かせたほうが将来にとって切っても切れない人間関係が生まれるものです。相手の性格や、趣味や、価値観などがわからないうちに、相手の懐に入りすぎると不信感を持たれるからです。先ず、人間関係には相手の存在がすべてであることを忘れてはならないのです。そこで、肝に銘じておくことがあります。良い人間関係を長く続けていくためには一定の距離を常に意識してお付き合いをすることです。

それはお互いにそのうち、嫌なところが見えてくるからです。

人間とはそもそも我がままな生き物であることを知っておくことです。

そこで、多くの人脈を持っている人を見てみましょう。その人たちは自分よりも他を優先し、接していることに気づきます。

でも、そのような人たちは自分にも厳しいと同時に他人を見る目も厳しいものです。そのため、自分勝手に近づいても仲間に入ることはなかなかできません。その人たちはそれぞれの価値観を持ち、結ばれている人間的にも優れた人たちなのです。

そのような仲間に入るためには人間としての信用が先ず必要になります。

そのためには急がず、謙虚に、その人たちから人間学のイロハを学ぶ姿勢が良好な人間関係作りの早道ではないかと思います。

良い人脈とはその人の人生を左右する財産にもなりますから、大切に築いていってほしいと思います。

教訓　人付き合いは、焦らず、近づき過ぎず、損得に依らずの三つが大切である。

13 挨拶は社会人のマナー

我々が何気なく深く考えないで使っている言葉です。

でも、よく考えてみると人間関係を作るために大変大事なものであることは理解できます。辞書によると、挨拶とは相手に対して自分の心を開き、尊敬や感謝等を表す礼儀的動作・言葉と書かれています。日頃はそんなことを考えて挨拶している人は誰もいないと思います。

挨拶とはどんな場面でも人と人が出会う基本のマナーであると思います。私がよく通っている大手書店、くまざわ書店やジュンク堂では『人は話し方が9割、1分で人を動かす』が100万部のベストセラーとして店頭に並んでいます。また、この書店の書籍コーナーには会話、言葉、挨拶のマナーコーナーがあり、話し方、言語力、挨拶に関する書籍がところ狭しと並んでいます。そのくらいこの分野の購買部数が多いということです。

最近想うところがあり、この挨拶を取り上げてみました。

近所に大繁盛している焼鳥屋さんがあります。店長さんが笑顔でサービスしている姿を見ても挨拶の価値がわかります。すべては笑顔と挨拶が社会人のマナーなのです。

さまざまな挨拶の場面を電車の中や、いろいろな会合で見るにつけ複雑な気持ちになります。

例えば、初めて会う人にはお辞儀程度で、一、二度あったことがある人には笑顔で挨拶、そして度々会う人にはもうちょっと打ち解けて雑談してもいいのではないかと思うのです。私の経験から、我々の子供時代には挨拶を重視するような教育環境はなかったような気がします。そのまま大人になり、厳しい上司に恵まれた人は社会人としてのマナーを叩き込まれ、常識人になっている。しかし、そうでなかった人は仕事はそこそこできる人でも、社会人としてのこのマナーをどこかに置き忘れてきてしまったようだ。

今からでも遅くはない。楽しい人間関係のために、正しい社会人としてのこのマナーを学んでほしいと思います。

最近出会った人の中に忘れられない人がいます。芸名ソラさんという女性歌手です。出会った時からめっぽう明るい「あの笑顔」、「あの挨拶」、「あの振る舞い」が忘れられない。

教訓　引退後は、仕事上の挨拶ではなく、人間上の「こころから」の挨拶が大切である。この挨拶が出来れば「次の仕事」ではなく、「また会いたい」に繋がる。

14 運がいい人

自分が運がいいと思っている人は運がいい、悪いと思っている人は運が悪いのです。プラス思考で生きている人は全てをプラスに考えます。常にマイナスに生きている人は全てを暗く考えます。先ずはこれを自分で自覚する必要があります。自分が悪いと思っている人はプラスに転じるのは難しい。自分がそう信じているからです。でも、ちょっとしたチャンスにめぐりあえば簡単に変えられます。それは運のいい人と出会うことです。そして、その人から運を学ぶことなのです。

ここで私の考え方を披露いたします。私には特別な才能はありませんが、あるとすれば、人が好きなだけです。そのため、多くの優れた運のある人と出会う機会があっただけです。そして、その人たちから知恵や知識や教養を学ばせていただきました。

但し、そう簡単に運がいい人になれるわけではありません。時間がかかります。それでも、努力しながら運を学び続けてきました。それはなぜか、自分が好きだからです。

最近では読書から学ぶことが多くなっています。今、ベストセラー作家になっている脳科学者・中野信子さんの著書『運のいい人』が私の生き方、考え方のモデルにもなっています。

ポイントを要約してみます。

1. 自分の好きなことをすること。
2. 自分を大事にして生きること。
3. 周りに振り回されず、自分を優先して行動すること。
4. 自己暗示の強い人になること。
5. 何事にも好奇心を持って生きること。
6. 運のある人とお付き合いをすること。
7. 自分にストレスをかけ、それを力に変えられる人になること。
8. 他者を思いやる心の強い人になること。
9. 他者をほめる人になること。
10. 感謝、ありがとう、を言える人になること。
11. 自分の目標や夢を追いかけて、強く生きる人になること。

運がいい人になりたい、楽しく生きたい、と思う人は、すぐ実行することです。

教訓　マイナス思考からどうしても脱却できない人は、プラス思考の人や「運」のいい人に学べば、プラス思考になれる。

15 人間の価値とは何か

辞書によると人間の価値とは二つの価値があると書かれている。それは「評価価値」と「本質的な評価」である。「評価価値」とは仕事ができるか、かっこいいか、頭がいいか、という他人の評価である。他方、「本質的評価」とは真、善、美、愛、仁など人間社会の存続にとってプラスの普遍性を持つ概念と書かれている。簡単に言えば個人を離れた社会性のある価値といえます。双方とも人間が生きるうえで大事な要素だと思います。

比較的若い青年期、壮年期、中年期ぐらいまでは評価価値が優先して、自己肯定力を高める年齢になる頃です。そして、年配になる中年期からは本質的な評価にこだわって生きることが人間の理想であると言われる。但し、若い頃に評価価値に恵まれず、人生のミチクサをした人も多いのではないか。むしろ、非常に多いのではないかと思います。

そこで、私が考えるのは「第三の人間の価値」の存在です。

私が今までに数多くのエッセイ集を読んできた中で、歴史的な人物といわれる偉人達はこの「第三の価値」の分野に存在していることがわかったからです。

簡単に言えば、人生の落ちこぼれを経験し、そこから立ちあがった人達です。

文献によると、それは青年期から人が経験出来なかったような様々な世の中の仕組みや苦しみをを経験したからではないか。それが後々の成功の生き方、考え方の原点になっているようにも考えられる。これは言わずと知れた「自利は利他なり」の心の存在ではないかと思う。

但し、反面落ちこぼれて行ってしまった人も数限りない。

そこで、「人間の本質的な価値」とはどこから生まれるのか、ふっと知りたくなった。正常であれば、自分一人生きるのも大変な世の中で、人間社会の存続や普遍性の概念など生まれるはずがないと思っているがなぜだろうか?

整理をすると先ず、「評価価値」があり、その結果として「本質的な価値」が生まれるのではないかと思われますが、そう簡単に生まれないのが人間の価値であります。

「人間の本質的な価値」とは第三の価値と言われる苛酷な経験から生まれます。

その証明はアインシュタインが下記のような言葉を残しています。

「人の価値とはその人が得られたものではなく、その人が与えられたもので測られる。」

自利より利他の価値です。

教訓　人生の蹉跌を乗り越えた人の心のうちには、「自利は利他なり」という、人として最も大切な気持ちが育まれるものだ。

第5章

見方を変えれば
多くの味方を得る

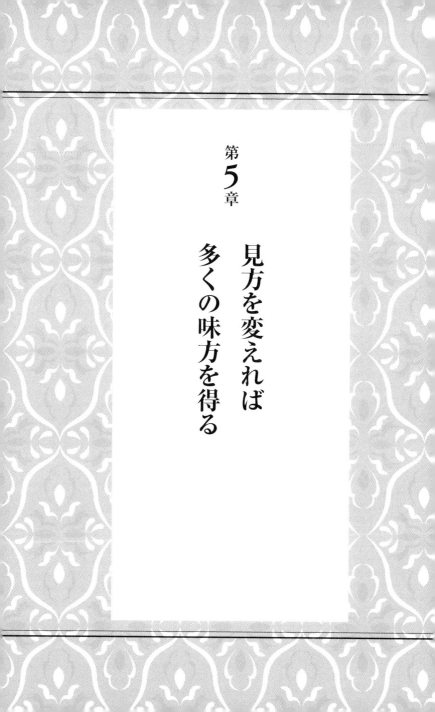

1 孤独に勝つために

それは意外と簡単です。孤独を楽しむことです。そして、実行することです。

人間とは、そんな簡単なことに悩み苦しんでいるのです。そこで私なりに、孤独を知る定義を考えてみました。まず第一の定義は組織や団体に所属している期間は真の孤独とは言えない。理由は団体の中に拘束され、守られているからです。贅沢な孤独です。

第二の定義は生まれた時は一人、そしてある程度の年齢になり組織団体から離れて、個人として生きていく時を第二の孤独と定義してみました。今回はこの第二の孤独をテーマにしてみます。先ず考えてみたいのは「孤独」という言葉です。孤独という言葉を深く考えてみると、プラス思考の孤独とマイナス思考の孤独になります。両者は月とスッポンの違いがあります。マイナス思考の孤独とは辞書によると「仲間や身寄りがなく、ひとりぼっち、思ったことを語ったり、心を通い合わせる相手がいない状態」と書かれている。一般的な評価です。人間の一番弱いところです。それとは対照的にプラス思考の孤独とは組織から解放され、自由気ままに好きなことを何でもできる自由な孤独です。「さあやるぞ、これからが人生の本番だ」と言える人です。大部分の会社人間は楽しむことを忘れて、仕事に没頭してきたため、第二の楽しむべき自由な人生の孤独を恐れているとよく耳にします。それは第二の人生を過ごす価値ある遊び方を知らないからです。

ここで、私が現役中怪我で経験した最大のピンチ、「孤独」について紹介してみます。

「孤独とは何か」、「孤独の時にしかできないこととは何か」、「孤独の魅力とは何か」を考えているとき、ふっと気付いたのは孤独の価値と効用でした。孤独とは物事を深く考える哲学の世界です。その結論は簡単でした。孤独の価値を評価し、自分の今後やりたい事を精査することでした。その結果気付いたのは、「読書が好きだった」でも暇がなかった、「山歩きが好きだった」でも忙しくて出来なかった、「音楽が好きだった」、「ゴルフが好きだった」どれも先送りしている自分が原因だったのです。怪我がすべての決断を教えてくれました。

「あなたには年齢的にもこれ以上人生の楽しみを先送りする時間はありません。これが最後のアドバイスです。」と……。

教訓　孤独を恰好の人生の「シンキングタイム」と捉えれば、孤独は、幸せや夢の宝庫であると言える。

2 準備・段取りの効用

準備とは段取りとも言う。よく使われる言葉に「段取り八分、仕事二分」というものがある。辞書によると打ち合わせや片付け、掃除などすべての仕事内容のうち、良い段取りをすれば八割は完成していると書かれている。

世の中でうまくいっている人を見ると、人間関係でも、仕事の進め方でも、実に楽しんでいるように見える。半面、そうでない人は人間関係や仕事でも、一見うまくいっているようにみえるが、余裕や準備、段取りが下手な人が多い。そういう人はいつでもバタバタしており、「何かを依頼しようかな」と思っても、ついつい敬遠してしまいます。

ビジネスでは、それが機会損失にもなりますから注意が必要です。

実は、昔の私がそうであったのです。一生懸命に仕事をしているつもりであったが、失敗を繰り返してきました。偶然にも、私の周りには仕事でも、人間関係でも、見習うべきモデルになるような人が多かったため、その人の良いところを学ばせていただきました。

彼らからは、準備や段取りをしっかりすることにより、ビジネスの面でも、趣味や遊びのゆとりが生まれ、全体を見る余裕が生まれるということを感じました。

何事も人間らしさと仕事のバランスを取ることがすべての面で必要であることに気づいたのです。自分の過去を振り返った時、その場その場の感情のみで段取りもせず突っ走り、多くの失敗をしたことを思い出します。

但し、この失敗の経験は後々の自分の生き方に大きなインパクトを与えてくれたことも事実です。

この考え方が曾野綾子さんの著書『人間の基本』の中に「すべてのことには両面がある」と書かれているのも納得です。ですから、すべてが悪いわけではなく何事も経験することにより価値あるチャンスをつかみ、試練が人を強くする効果があるということも事実です。

私の場合は多くの失敗をしてきましたが、反面それが今の私の財産になっています。

何事も準備をしっかりしておくことにより、他から何かを依頼されても、こころよく引き受けることができる、そのような人を安心して頼ることも出来るのです。

教訓　仕事も人生もしっかりと「段取り」をすれば、それらがはかどるだけではなく、全体的な視野が得られる。

3／孤独を楽しむ

孤独とは寂しいとか、鬱になると言われ、一般的にはあまり良い言葉として使われていないように思う。本当にそうだろうか。

孤独とは一人という意味である。

組織の中で働いているときは、全体が主となり自分という個人は、その中の歯車のように動いている部品のように思いがちである。

但し、何かの構想を練ったり企画をするときは、先ず自分が主体となり、深く思考するはずなのです。それは貴重な孤独の時間です。寂しい時間ではないはずです。

そこで孤独の時間をプラス面とマイナス面に分けて考えてみました。

すると、孤独の時間がいかに必要であるかがわかります。

プラス思考の孤独とは常に前向きに目標（夢）をもち、それを実現しようとする強い意志が働きます。一方、マイナス思考の孤独は悩みや苦しみが蓄積され、正常ではない考え方が生まれ病気の元になります。

ですから、何でもいい、自分のやりたいこと、好きなことを見つけて、その目標（夢）に向かってコツコツ楽しみを作り、実現することが必要になります。

私も今、個人の趣味や読書、エッセイを書きながら、旅、そして旧友との語らいを楽しみ、自分がいつかはやりたかった社会貢献の夢「わいわい・ガヤガヤの会」を支援し、楽しんでいます。

孤独という空間は自分を深く分析し、自分を知り、そして、自分を世界に登場させるためにも必要な楽しいワクワクする空間です。人間誰しも、親からもらった貴重なＤＮＡをフル回転して、その能力を楽しみながら開花させるべきなのです。

野球が好きな大谷選手、将棋の好きな藤井聡太名人、歌が好きな人、漫画が好きな人等々、20代で世界に飛び出す人が多く出てきました。

そのためには大衆の中に自分を埋没させるのではなく、常に自分でいられる自分を大切にして生きる、強い孤独観を持つべきであると思います。

ですから、自己肯定力を高めるためにも孤独が必要になるのです。

教訓　孤独とは、世界という大舞台に立つ前の幕間の大切な準備期間である。

4 終活の準備

60歳から65歳になると、企業では定年制を実施します。

年齢的にはまだまだ充分仕事をしてもよい年齢ではないかと思います。

しかしながら、現在の仕事だけが人生の全てではありませんから、今後の人生を考える意味では良い機会になると思います。

私は70歳ごろから第2の人生を考え始めていましたから、迷いは全くありませんでした。

そのキッカケは怪我がチャンスを作ってくれたことでした。

一般的には、先ず60歳ごろから、これからの生き甲斐とは何かについて考え始めると言われています。ただ、何となく生きるのは一回しかない人生にとってもったいない話です。今書店に行けば「第二の人生の考え方」や「生き方」に関する書籍が所狭しと並んでいますから、先ずはそれを読んでみることが早道です。

そして、70歳ごろからは将来何が起こるかわかりませんから、自分の未来計画を作っておくことが賢明です。差し当たりお金の計画です。経営者であるならば事業承継や信託・遺言などを考える時になります。一般人であるならば、100年時代に備えて先々のお金のことを準備しておくことです。その次は人生計画を立案することになります。

そして、最後の終活は葬儀とお墓の準備になります。

すべての準備が終わってしまえばもう安心です。好きなことが何でもできます。

これからが「我が人生」を楽しむ時なのです。

そして、80歳ごろからはいつ、どこで何が起きるかわからない年代に入ります。

あまり考えたくないことではありますが、これは誰にも平等にやってくる問題です。

そこで先日、書店をぶらぶらしていたら『幸せな人生のしまい方』が目についた。

そこにはこう書かれていました。「終活の理想とは最後まで人生を楽しみ尽くした生き様を家族に見せること」と書かれていたのです。私も現在82歳になりましたから、例えば終末を90歳に設定した場合、残りの人生は8年しかありません。

その目標がはっきりすれば残りの人生8年間を思い残すことなくチャレンジすることができるのです。すなわち、覚悟ができるのです。

そのためにも終活への対策は早めに準備して、生き甲斐に専念したいものです。

教訓　何事にも「準備」が大切だというが、準備によりもたらされる最も重要なものは「覚悟」である。

5 人生、何を求めて生きていくのか

人生100年時代を迎えてどう生きるかと問われたらなんと答えますか。

この問題は年代に関係なく大きなテーマです。

少年時代、中年時代、高齢者時代によって生き方が違うと思います。

特に今、社会問題になっているのが小学、中学、高校生の生き方の問題です。

新聞やテレビで報道されているニュースはいつも10代、20代の若者が友達をあやめたり、自殺したりというものが多い。もちろん中年には中年の悩みがあり、高齢者には高齢者の悩みがあると思います。私は会社を退いている身として社会を眺める時間があり、またこのテーマに関心を持って生きている者として二つの問題点に気づきました。

一つは10代、20代の人間関係の希薄さです。無理もないことです。小・中学生時代は他人のことなどあまり気にしないで、自我の赴くままお付き合いしている時代です。

この年代は親や周りの人が指導する必要があります。中年や高齢者になって大事なのは成熟した人間関係です。この人間関係は将来の生き方を左右するから大事です。特にこの年代の悩みは質の高い悩みになりますから、相談相手として自分の理想になるような人とのお付き合い

をしておくことをお勧めします。そのためには日頃から良い人脈作りをしておくことです。とくに高齢者は仕事だけでなく、仕事以外に人生を楽しむ夢を持つことです。特別な場合を除いて、引退後の仕事は楽しい夢に置き代わりにくいものだからです。

「人生何を求めて生きていくのか」を考える時には多くの読書から自分にない知識や教養、そして生き方を学ぶことが早道ではないかと思う。私がお勧めしたい人生の哲学書はトルストイの「人生論」です。「人はなぜ生きるのか」の基本である自利と利他の関係がよく理解できます。高齢者になったら今までいろいろな人にお世話になったことを振り返り、恩返しをすることも必要ではないかと思うのです。

なぜならば、人間とは生まれながらに人から感謝されたときに至福の喜びを感じる存在だからです。そして、人のために良いことをすればするほど喜びが大きくなるのです。

これでお分かりのように、社会に貢献できるような人間になるため、学生時代は勉強をし、ビジネスマンは仕事を一生懸命にすることが、人からも評価され喜びを感じて生きていくことの要諦なのです。

教訓　「夢」を描くことは若者の特権のように言われているが、夢が本当に必要なのは、中高年である。

6 貴重な「わがまま時間」

最近、書店には「100年時代の生き方」に関する書籍が多く並んでいます。

その中には、小説家より精神科医の先生方の著書が多い。それだけ出版各社も高齢者の生き方に着目しているからだと思う。そして、そのような本がよく売れているようです。そのターゲットは高齢者です。

内容を見ると60歳、70歳、80歳の高齢者が抱える「心」をテーマにしたものがほとんどです。孤独という「うつ」に代表する精神疾患病です。私も70歳代で第一線を退いた身としてよく理解することができます。今まで団体生活をしてきた高齢者が突然、何の宣告もなく一人ぼっちの孤独の生活になりますから、だれでも気が動転し、今後どう生きていいのかわからなくなるからです。本来ならば、70歳 80歳からが人生を楽しむ本番のはずなのですが、現役中はそんな簡単なことに気付かないのが人間なのです。

私の周りには仕事から離れて充実した人生を送っている高齢者の方々も数多くおります。

そこで今回は80歳から仕事を離れ、孤独で貴重なわがままな時間を楽しんでいる87歳中野潔さんをご紹介いたします。氏は学生時代から暇があれば山に魅せられハイキングや北アルプスの縦走等、趣味が多くありました。現在でも山に出かける孤独な時間を、「なんと至福の時か」と語る氏の笑顔はとても若々しく、元気で美しい。

また、最近は大学時代の仲間や狛江市の市政等にもボランティアとして参加し、毎日忙しく積極的に飛び回っているようで、そんな中野さんを尊敬しています。

一回しかない人生を「うつ」になり、精神科医のお世話になる高齢者が多い中で、氏のように健康で人と交わり、「孤独という貴重なわがままな時間」を楽しみ活躍している高齢者がいることを忘れないでいてほしいのです。

私も遊び上手な中野さんからお誘いいただき、空いた時などには井の頭公園などを散策しながら中野さんの大好きなお酒のお供をしています。今まで現役の世界では見られなかった、こんなにゆっくりと過ごせる貴重なわがままな時間があろうとは夢にも思いませんでした。

私が書いたエッセイ『引退からが人生の本番』の内容を大いに実践しています。

しかし、残念ながら、精神科医の先生方がこんなに忙しいという背景には60歳、70歳、80歳代の悩める患者が数多くいるということです。

教訓　等しく人に与えられた時間の中で、「孤独」に蝕まれて生きるより、「孤独」をやっと得られたわがままタイムと捉えて生きる方が幸せである。

7 発想やヒラメキはどこから生まれるのか

発想とは、簡単に言えば何かを思いつくこと、物事を考え出すことです。

一方、ヒラメキとは、何らかの物事を徹底的に考えた末に浮かぶアイディアや発想であると辞書には解説されています。双方には共通点があります。

この発想やヒラメキは、我々の社会活動においてどこから生まれるのでしょうか？

脳科学者・中野信子氏によると「運のいい人や成功者たちは大きな夢や目標を持ち、それを達成するまで困難に立ち向かう。その時のストレスは平穏無事の時よりも脳の細胞の活性化を促進する。発明王と言われるトーマス・エジソンは小学校の先生から君の脳は腐っていると言われ中退した。仕事でも生産性がなさすぎると言われ、2度も解雇されたそうです。

相対性理論を築き上げたアインシュタインは小学生時代、ろくに話すことも出来ず、高校を中退し、大学受験にも失敗している。

有名企業の経営者も必ずと言っていいほど「逆境をバネに変えた」と中野信子氏は著書『運のいい人』の中で紹介しています。私も似たような経験をしている。大学受験にも2度失敗している。

経営者になってからでも、立ち上がれないような失敗（倒産）を経験し、他にも小さな失敗は数限りなくしてきた。その時は辛かった。

但し、今過去を振り返ってみるとその時の経験があったからこそ、そこから得た立ち上がるための極意「発想やヒラメキ」という大きな財産をつかむことができたと思っている。

1. 常にプラス思考でいられるようになったこと
2. 健康管理を徹底的に学んだこと
3. 人一倍、夢や目標を追いかける決意ができたこと
4. 人生を楽しく生きること
5. 仕事と平行して楽しい遊び場を多く見つけられたこと
6. 孤独を大いに楽しむこと
7. 人脈の重要性を知ったこと

この発想やヒラメキのおかげで次から次へとおもしろいアイディアが生まれるから、人生はおもしろい。

教訓　大きな夢や目標を持ち続けることにより、人は逆境にぶち当たる。逆境は素晴らしい発想やひらめきの母である。

8 孤独を楽しむ条件

そもそも人は、孤独（ひとり）が原点であり、その後、人と交わり悩んだり楽しんだりして、自己形成をしていくのだろうと思う。このひとりの時間は人生に大きな価値をもたらします。

孤独を恐れず、時には、周囲から離れて孤独の時間を作ることが必要です。

その原点であるはずの孤独があまり良い意味に考えられていないのはなぜでしょうか。

それは「自分がどういう人間なのか」、「何が好きなのか」、「何がしたいのか」という夢や目標を明確にして、実行計画に落とし込まれていないからだと思います。

一般的に、社会に出ると組織団体に埋没して、個人で生きるこの原点を忘れがちになってしまいます。

世の成功者達に目をやると、必ず孤独の時間を大事にし、周りには多くのサポーターが行き来していることに気付きます。

この「みんな」と「ひとり」を自由に行き来できる力こそが、孤独を楽しめる「孤独力」ともいうべきものではないでしょうか。

幸せを実感できるのは心が安定し、「みんな」と「ひとり」の時間を自由に行き来できているからです。

常に孤独の状態だと、人や社会とうまくかかわれなくなり、延いては「ひきこもり」状態になってしまうことすらあります。

大事なことは、みんなと一緒の時間、ひとり孤独の時間の双方を持ち、楽しむことなのです。人間とは人で生きる、人で成長する生き物だからです。

孤独を楽しむ条件とは、孤独というひとりの自分と語り合える仲間を持ち、二足の草鞋を履くことではないかと私は思っています。

そのためには、人（みんな）を自分以上に大事にできるかどうかが条件になります。

教訓　「自分とは何か」、「人生どう生きるべきか」を考えるために、多くの偉人たちが「孤独生活」を送ってきた。

9 悩みの原点は思考の整理

このテーマはいつでもどこでも話題になる難しい問題です。誰にも正解はわかりません。しかし、避けて通ることのできないテーマです。

人間とは生まれながらにして忙しい時でも、暇な時でも悩みを抱える生き物なのです。しかし、それが人の成長を支え、生きる目標を達成していくうえで、必要な条件になることは間違いありません。悩みとは通常の思考範囲を超えたときに生じる現象かもしれません。そういう時は悩みを早く解決する時間と場所が必要になります。

私の場合はビジネスで忙しい時でも、必ず一人になる時間を設けていました。それはまた、悩みの原点を整理するためにふさわしい自分の居場所を得るためでもあるのです。

例えば、簡単な悩みは親友に相談することも一つの手段であると思います。しかし、重要な悩みなら自分の問題であることが多いので、悩みのプロセスをゆっくり静かに考えます。長引くとより以上の悩みへと発展することもあるからです。

私の場合は、自分の悩みが自分のキャパシティを超えたときには山手線を一周して、周りの景色や人の動向をみながら、自分の思考を整理したりしています。

第二の人生を向かえた現在でも、自分の夢の実現に悩んだ時などは一人で何気なく、山手線を一周したり、お気に入りの居場所である三宝寺池に散歩に行き、２~３時間、ハスの花を見たり、セミの鳴き声を聞きながら、思考の整理をしています。これが私の悩みをプラスに変える時間、場所になっています。

よく孤独は辛いとか、寂しいという言葉で表現されていますが、自己肯定力を高めるためには悩みが必要なのです。特に重責を担う経営者や衆目を集めるプロのスポーツマンなどは毎日が悩みとの戦いです。一喜一憂の毎日です。経営者の世界でいつも話題になる松下幸之助さんや稲森和夫さん等のような超一流の経営者もしかり、ではないかと思います。そして、今話題になっている大リーガー大谷翔平選手のような各分野の成功者たちは、大きな目標（ロマン）を夢に見て、大きな悩みと毎日、一喜一憂しながら戦っているのです。彼らは上手に自己をコントロールできる人たちであり、だからプロなのです。

大きな目標・夢を作りましょう。そしてしっかりと悩みましょう。そのためには、なるべく早く悩みの原点を整理して、次の悩みを受ける準備が必要ではないかと思います。

教訓　「悩み」とは、神が人に与えた「己の限界を突破せよ」というメッセージである。

10 悩みの原点は成功の原点

人間は生まれながらにして、悩める生き物です。それは成長するために神から授かったある種の才能であると思います。

誰にも平等に定義されているのであるならば、その「悩み」を素直に肯定し、「成長」する道を選択したほうが良いのではないかと思います。

なぜならば、自分の生きていく道は自分の道しかないと思うからです。

もし、その悩みを受け入れられなければ、より一層の悩みを抱えて自分を殺して生きていくことになるでしょう。

なぜ私が今このような考え方を書きたくなったかと言えば、人間の原点を知りたくなったからです。

それは82歳まで生きてきて過去を振り返った時、人より多少悩みや苦しみを多く経験してきていると感じたからだと思う。

誰でも何かにチャレンジすれば失敗もある。そして倒れる時もある。

その繰り返しに自分を投げ出したくなる時もある。でも私がここまで生きてこられたのは自分を常に肯定することができたからだと思う。そこで、ふと思ったことがあります。人間だれしも得意分野と不得意分野がありますが、どうせ生きるなら得意分野（好きな分野）で生きたいと思う。

そしてまた、人間は必ず優れた才能を持っていると思うからです。

その才能の見つけ方は人それぞれですが「自分が好きなこと」、「やりたいこと」をやれることが一番能力を発揮できるのではないかと思うのです。

そのわけは、辛くても悩んでも前を向いてチャレンジできるからです。すると周りの人も支援してくれるように思うからです。

そこで紹介したいのが、今話題になっているWBC世界大会です。どこの国の選手も自分の好きな野球にすべてをかけて晴れの舞台に立っているのです。ここまで来るためには想像できないほどの苦しみや悩みを耐え忍び、自分の好きな道を離れることなく努力をしてきたのです。

人間とは自分の目標とすることや好きなことはより以上自分を高めるために努力するのです。何でもいい、好きなことから離れることなくやり続けることです。

教訓　「好きこそものの上手なれ」というが、「上手ならば好きになる」というのも真実だ。

11 生きるとは学び続けること

皆さん「生きるとは学び続けること」という言葉を真剣に考えたことがありますか？

若い時からこのような志を抱いて社会に出た人が、どのような偉業を達成するのか、凡人の私にはわからない。但し、そういう人が現実に存在します。

何度も紹介しますが、将棋の名人、藤井聡太は20歳です。世界の野球選手なった大谷翔平選手も28歳の若さで世に出て活躍しています。

これは何を物語っているのだろうか？と考えることがある。私は今年83歳になりました。我々の若かった時代にもこのような人物が果たしていただろうか。

歴史を調べてみると時代に関係なく、実はたくさんいるのです。

誰もが自分の運命について、普通深く考えたことがないから気付かなかっただけなのです。

辞書によると、運命とは人間の意志を超えて、幸福や不幸、喜びや悲しみをもたらす超越的な力、神の力ともいうべきものです。それは神のみぞ知る分野です。

ということは、我々が知らないだけで、その運命は各々決まっているのです。

何も準備しないで生きていると、予期しない事故や病気に遭遇したときに困ります。最近しばしば60代、70代の現役政治家や経営者の醜聞が報道されています。

高齢者になると、ふと残りの人生について、このようなことを考えるときがあります。あと、10年、20年、……。その時初めて運命を知り、これからの人生をどう生きるかを真剣に考えます。そのためには、先ずは自分の身辺整理をしっかりしておく必要があります。これを終活という。すると、すっきりして第二の人生の就活に入ることができます。

私の場合は失敗しました。怪我をして、そのまま終活になったのです。

ある程度の事業承継や会社の引継ぎは終わっていたのですが、まさかこのような形で引退するとは思っていなかったので、暫くの間は動揺しておりました。

但し、そのお陰で病院のベッドの中で今後の人生設計を立案し、好きな本をたくさん読むことができ、知識や教養を学ぶことができました。「怪我の功名」という言葉がありますが、私は病院でこの貴重な体験をしました。それはどんな環境にあっても人間は「学び続けること」ができるということを知ったのです。現在もこの経験を生かして楽しく、そして忙しく、他から学び充実した毎日を過ごしております。

教訓　人間は怪我をしても、最晩年にあっても、「学び」を得られる大いなる自由に恵まれている。

12 「もうちょっと、雑に生きてみないか」

このテーマは今、70歳、80歳前後の高齢者の間で話題になっていますが、東大医学部卒、精神科医として活躍している作家であり、精神科教授でもある和田秀樹氏の書籍のタイトルです。ちょうど戦後世代の中で生きてきた人達のエッセイを綴ったものです。この世代は戦後の物の無い時代に、育ち、生きるために昼も夜も寝ないで仕事をしてきた人達です。この環境はこの世代に生きてきた人達に何を与えたのだろうか。

「何事にも負けてはいけない。やればできる。そして今がすべて」という完全主義の哲学を指導したのです。但し、現在この当時の人達は皆、70歳、80歳になっています。まじめに働くことが体に染みついており、遊び楽しむことを忘れてきてしまった人達が多い。

いずれにせよ、引退後は仕事から離れるため、今までの仕事環境とは180度異なった場所で生きていくことになります。多分ほとんどの仕事人間は頭の切り替えができず、悩みを抱えているのではないかと多くの精神科医が話しています。

最近書店の店頭では、この手の書籍がベストセラーになり、ところ狭しとならべられていることにお気づきのことでしょう。著者のほとんどが精神科医の先生方です。

そして、多くの患者さんを診察している中で、「うつ」や「精神疾患」の原因が真面目人間に多く見られる傾向があるといいます。

和田先生の著書『もうちょっと、雑に生きてみないか』という趣旨がよく理解できました。

私の周りにも、この世代の人間はがんばり屋で、やればできるという強い信念をもち、大成功している人が多いのも事実です。

しかし、70歳、80歳になったら素直に残りの人生を考え、「名誉、地位、金」から脱皮することです。但し、生きるために必要なお金は必要です。

あとは和田先生が言われるように「もうちょっと雑に生きてみないか」を地で行くのもよいのではないかと思います。

それが幸せになるコツなのですから。

教訓　今まで「まじめに生きよ」の勤労奉仕で生きて来た人は、これからは「雑に生きよ」の時代がやってくる。

13 ウマが合う人、合わない人

人間に限らず、すべての生き物にはウマが合う、ウマが合わないがあると考えた方が、その問題の解決への早道ではないかと思う。何故ならばそのくらい難しい問題だからです。

人はそれぞれ十人十色といいますから、最初からウマが合う人などいないのが当然です。

しかし、これまで人とのお付き合いの経験から、「ちょっとこの人違うな」と思いながらお付き合いをしていくうちに、その人の良さや学ぶところを発見して、その途端に好きになったという経験が数多くあります。

自分という未熟な人間が各々の人を、好き、嫌いと決めつけてしまうほど人間は単純ではないのです。自分事になりますが、多くの人とのお付き合いで「ウマが合う人、合わない人」を評価しながら気付いたことは、その判断をしているのは自分であり、その自分が正しいのかどうかが疑問になったからです。そこで調べてみると、「ウマが合う」の由来は、乗馬中の旗手と馬の呼吸が合うという語源からきているそうです。人間でもそれぞれの性格や個性があり、意気が合うか合わないかが重要なことです。

反対にウマが合わないとは何となく気性があわないこと、しっくりこないこと、意気投合できないことを意味します。

ということですが、現実はそう簡単に性格や個性、価値観が合う人などいないものです。無理してお付き合いをすると、お互いが疲れてしまうから、お互いのために少しの間、距離を置いたらどうでしょうか。ちょっとしたことで縁が戻ることがありますから、急がばまわれです。

お互いが良く知り合っていない現状で、深追いしないほうがいい、ということです。

そうした経緯を踏まえてから、ウマが合う人とお付き合いをすることです。

ウマが合えば、人も合う。そして人が合えば道が開ける。仕事もはかどる。

ビジネスでも遊びでも人的交流が活発になり、大きなチャンスが生まれます。

そこで、注意しなければならないこともあります。

上手くいっているとついつい走りすぎ、思わぬところで価値観の食い違いが生じ、失敗することがあります。ウマが合っていると言っても、すべての面で合っているわけではないのです。

遠慮するところ、確認をするところの自己チェックが必要です。

教訓　ウマが合わない人ほど実は、自分にとっての「学び」が多いものだ。
そして、その人はいつの間にかウマが合う人になっている。

14

引退は「割り切り」が必要

私の経験から、65歳、70歳が近づいてきたら、そろそろ引退の準備が必要だろうと思います。しかし、長く慣れ親しんだ現役時代から好んで引退しようとする人は誰もいないでしょう。それは未知の世界だからです。しかしながら、引退後楽しめる時は残り15年前後しかないのです。そのためには引退して楽しんでいる人と交友を深め、引退後の目標設定や過ごし方を研究することが第2の人生に入る近道です。

そこで、引退して楽しんでいる人に話を聞いてみると、「先ずは割り切って決断できるかどうかの問題だけですね。慣れるまでの時間だけですよ。慣れるとあれもやりたい、これもやりたいと欲が出てくるものです」と語る。

それは私の経験からも納得できます。誰もが現役時代は仕事が忙しく、あまり深く老後の楽しみ方や過ごし方を考える余裕もなかったのです。

いざその世界に飛び込んでみると、考える時間も行動する時間もたっぷりありますから、やりたいことが次から次へと浮かんできます。登山が好きな人は登山が好きな仲間と、ゴルフが好きな人はゴルフ好きな仲間と楽しめばいいのです。

好きな時間を好きな仲間と楽しめる人生を謳歌する、これ程すばらしいことはありません。

但し、この残りの貴重な時間を楽しむためには、どこかで引退の割り切りが必要なのです。

そのためには引退前に充分な心の準備を仕事と並行して行ない、自然体で移行していくといいでしょう。心の準備ができていないところで引退すると失敗し、悩むことになります。

私が「わいわい・ガヤガヤの会」を設立した理由は、高齢者には生きる趣味を学び、中年ジュニア世代にはキャリアを持っている高齢者から趣味や知識や教養を学ぶことにあり、これがこの会の主旨です。

教訓　第二の人生を楽しむためには、好きな時間に好きな仲間と過ごすことである。
そのためには人生を割り切ることが大切である。

島田《しまだ》博一《ひろかず》　プロフィール

○出身地　茨城県
○生年月日　1941年4月28日
○最終学歴　青山学院大学文学部英米文学科卒業　1966年3月
○日本オリベッティ株式会社入社　1966年4月
○マスケングループ設立　1982年
・株式会社マスケン
・株式会社ビジネスドック
・株式会社マスケン・インフォメーション
・株式会社マスケン・コンサルティング・サービス
解散
○ビジネス会計人クラブ株式会社設立　1997年
・代表取締役就任
・代表取締役退任　2020年
・取締役会長就任　2021年
≪著書≫
『引退からが人生の本番　―集大成への道しるべ』三省堂書店／創英社 2021

悩んで生きるほど、人生は長くない

2024(令和6)年7月25日　初版発行

著　　者　島田 博一
発行・発売　株式会社 三省堂書店／創英社
〒101-0051　東京都千代田区神田神保町 1-1
TEL：03-3291-2295　FAX：03-3292-7687
印刷・製本　株式会社 丸井工文社

ISBN 978-4-87923-268-7　C0095
落丁・乱丁本はお取替えいたします。
定価はカバーに表示されています。